논어

만화
현대인을 위한 동양 고전 ①

만화 논어

2005년 1월 5일 초판 1쇄 인쇄
2005년 1월 10일 초판 1쇄 발행

글쓴이 | 김정빈
그린이 | 김덕호
펴낸이 | 최태경

편집국장 | 김종철
편집책임 | 임형진
기획·편집 | 윤상석
표지디자인 | 황종환
홍보 | 안철수
영업 | 김윤겸 이민경 윤석원
제작 | 이종관 김종호

펴낸곳 | (주)두산동아
주소 | 서울특별시 중구 을지로 6가 18-12 두산타워 21층 출판 BG
편집문의 | 3398-2508 영업문의 | 3398-2587 팩스 | 3398-2401
등록 | 1951.9.19. 제18-6호

ⓒ 김정빈 김덕호, 2004
ISBN 89-00-19818-1 03100

논어

현대인을 위한 동양 고전 ①

만화

김정빈 글
김덕호 그림

두산동아

머리말

《논어》를 알아야 중국을 안다
중국을 알아야 한국을 안다

중국

중국이 뜨고 있다. 중국은 이미 미국에 맞설 수 있는 유일한 강대국이 되었으며, 머지않아 동북아시아의 패권을 차지할 것이다. 이것은 세계의 모든 사람들이 알고 있는 것이고, 우리 또한 시간이 중국의 편이라는 것을 잘 알고 있다.

한국

그리고 여기 한국이 있다. 남북으로 분단된 민족. 그런데 그것으로는 모자라다는 듯이 우리의 국회는 매일같이 둘로 나뉘어 싸움을 벌이고 있다. 생산적인 다툼이라면 좋다. 페어플레이로서의 경쟁은 민주주의를 더욱 발전시켜 줄 테니까. 그런데 아무리 보아도 우리의 싸움은 그런 싸움인 것 같지는 않다.

《논어》, 그리고 공자

세 번째로, 중국과 우리 사이에 《논어》가 있다.

《논어》는 서양에서의 성경에 해당되는 중국 최고의 고전이다. 《논어》가 중국의 가장 위대한 고전인 까닭은 거기에 위대한 정신과 철학을 담겨 있기 때문이기도 하고, 역사를 거쳐 오는 동안 중국인에게 가장 큰 영향을 끼쳐 왔기 때문이기도 하다.

《논어》는 책이 나온 이래 2500년 동안 중국인과 동북아시아 사람들의 의식을 철저하게 지배해 왔다. 《논어》 이후 동북아시아를 지배해 온 것은 역대의 왕조가 아니라 《논어》요, 그 저자인 공자였던 것이다. 그 과정에서 《논어》는 긍정적인 측면과 부정적인 측면을 모두 드러냈다. 중국·우리 나라·일본의 문화가 서양의 그것에 비해 뛰어난 점이 있다면 그 대부분은 《논어》의 위대함 때문이었고, 그와 반대의 경우 또한 《논어》의 결함이 그것을 낳았다고 말할 수 있다.

그리고 《논어》의 힘은 아직까지도 동북아시아 사람들의 의식의 배후에서 강력한 힘을 발휘하고 있다. 중국의 13억 인구가 지도자를 중심으로 똘똘 뭉치고 있는 것이나 동쪽과 서쪽에서 강대한 두 나라가 노려보고 있는데도 파당의 이익만을 앞세우며 다투고 있는 우리 나라의 정치 현상은 모두 공자와 《논어》의 영향력을 고려하지 않고서는 설명할 수 없는 일이다.

《논어》를 읽자, 간명하게 읽자

따라서 우리는 《논어》에 대해 알아야만 한다. 중국과 중국인을 알기 위해서도 그렇지만 무엇보다도 우리 자신을 알기 위해서 《논어》를 알아야만 한다. 《논어》에는 위대한 부분이 있는가 하면 이제는 폐기해야 할 부분도 없지 않다. 따라서 《논어》를 철저하게 읽고 파악한 다음 버릴 것은 과감하게 버리고 되살릴 것은 소중하게 되살려야 한다.

그렇지만 불행하게도 공자는 까마득한 고대의 인물이고, 《논어》 또한 어려운 한문으로 되어 있는 책이다. 그래서 필자는 두산동아 출판사의 도움을 받아 간명하게 《논어》를 이해할 수 있는 길을 찾아보기로 했다.

"난해한 고전을 누구나 읽을 수 있도록 간명하고 알기 쉽게."

이렇게 목표를 정하자 자연스럽게 그 형식은 만화가 되어야 한다는 결론이 나왔다. 만화의 지문 또한 핵심적인 것만을 드러내는 데서 그쳐야 한다는 결론도 함께 도출되었다. 그 결과 필자가 쓴 글에 김덕호 선생이 그림을 그려 넣음으로써 이 책이 나오게 되었다.

위기를 기회로

위기의 21세기.

그러나 위대한 사람, 위대한 민족은 언제나 '위기'를 '기회'로 바꿔 왔다. 그런 의지, 그런 노력이 있는 한 21세기는 우리 나라와 우리 자신에게 무한한 가능성으로 열려 있다. 그리고 그 가능성의 중요한 부분을 필자는 《논어》에서 발견한다.

따라서 필자는 이 책이 삶의 길을 묻는 많은 분들에게 작으나마 조촐한 도움을 줄 수 있기를 기대한다. 또한, 그 도움이 내가 사랑하는 조국의 빛나는 미래로 아름답게 이어지기를 행복한 마음으로 가만히 기원해 본다.

2005년 1월

김 정 빈

차 례

머리말 ··· 4
시작하는 글 ·· 10

제1장 공자의 생애 ·· 15
　　공자를 위한 변명 ·· 16
　　공자까지의 중국 고대사 ·· 24
　　이 난세를 어찌할꼬? ··· 36
　　머나먼 이상 ·· 46
　　중국 문화를 집대성하다 ·· 58
　　공자의 제자들 ··· 66

제2장 논어의 사상 ·· 71
　　《논어》는 인(仁)을 말한다 ·· 72
　　《논어》의 사상에는 약점도 있다 ······························ 84

제3장 논어의 세계 …… 95

니하오, 《논어》! …… 96

好學勤行 _ 호학근행 …… 100
배우기를 즐기고 근실하게 실천한다.

反求諸己 _ 반구저기 …… 108
잘못을 나 자신에게서 찾는다

溫良恭謙 _ 온량공겸 …… 110
공손하게 낮추고 겸허하게 처신한다

忠信質朴 _ 충신질박 …… 118
고루하더라도 차라리 믿음직하게

言行一致 _ 언행일치 …… 124
실천한 다음에 말하라

剛直義勇 _ 강직의용 …… 130
굳세고 곧고 옳고 용감하게

소나무와 잣나무가
더디 시드는 것을 알게 된다
_子曰 歲寒然後 知松柏之後彫也 ……………………… **134**

淸貧樂道 _ 청빈낙도 ………………………… **136**
옳지 않은 부를 부끄러이 여기고, 떳떳한 가난 속에서 즐거움을 찾는다

尙古正名 _ 상고정명 ………………………… **142**
옛것을 숭상하고, 이름을 바로잡는다

敬事富民 _ 경사부민 ………………………… **155**
맡은 직책에 충실함으로써 널리 백성에게 은택을 끼친다

孝悌一家 _ 효제일가 ………………………… **161**
효도와 공손함으로써 질서정연한 국가를 이룬다

克己復禮 _ 극기복례 ………………………… **169**
자기의 욕심을 이겨 예로 돌아가라

樂藝文彬 _ 악예문빈 ………………………… **179**
예술과 문화로 빛나는 아름다운 사회를 꿈꾼다

儒士君子 _ 유사군자 ······················· 185
몸가짐을 바르게 하여 군자의 도를 이룬다

厚德仁人 _ 후덕인인 ······················· 195
덕을 두터이 쌓아 인(仁)의 경지에 이른다

至道中庸 _ 지도중용 ······················· 205
이상과 현실을 조화하여 최고의 경지에 이른다

師表聖人 _ 사표성인 ······················· 215
고결한 인격과 깊은 식견을 갖춘, 공자는 인류 만대의 스승이었다

제4장 논어 '원전' 맛보기 ················· 225

공자연표 ··································· 255

공자와 《논어》, 버릴 것과 찾을 것

클린턴이 미국 대통령이던 시절 비서들과 함께 텔레비전을 시청하고 있는 사진이 공개된 적이 있다. 놀라운 것은 비서들 중에 소파에 몸을 비스듬히 기댄 자세로 앉아 앞에 있는 탁자 위에 다리를 편안하게 올려놓고 있는 사람이 있었다는 것이다.

그로부터 얼마 뒤 한국에서는 그와는 매우 대조적인 사건이 일어났다. 한 국회의원이 김대중 대통령이 참석한 공개적인 모임에서 대통령 앞으로 나아가 맨바닥에 무릎을 꿇고 큰절을 올렸던 것이다.

이런 차이는 어디에서 생긴 것일까? 학자들은 그것을 공자(孔子), 또는 그가 창시한 사상인 유가(儒家)의 영향에서 찾는다.

잘 알려진 것처럼 공자는 지극히 보수적인 사상가이다. "그 위(位)에 있지 않거든 그 정사를 논하지 말라."《논어》헌문편)는 가르침에서 알 수 있듯이, 공자는 왕은 왕의 자리에, 제후는 제후의 자리에, 대부는 대부의 자리에, 선비는 선비의 자리에, 백성은 백성의 자리에 있어야만 한다는 생각을 갖고 있었다.

우리의 조선 왕조는 그같은 공자 사상을 통치 이념으로 받아들였다. 그 결과 정치적으로는 물론 가족 관계에서까지도 아들에 비해 아버지의 권한이, 아내(여자)에 비해 남편(남자)의 권한이 강조되었고, 사회적으로도 연소자에 비해 연장자의 권한만이 절대적으로 행사되었을 뿐 아들(딸)·아내(여자)·연소자의 권리는 거의 무시되었다.

　물론 이같은 현상이 조선 왕조나 동양권에서만 일어났던 것은 아니다. 서양에서도 이같은 불평등이 있었고, 그런 현상은 오랫동안 지속되어 왔다. 다만, 서양에서는 역사를 거쳐 오는 동안 불평등의 문제점을 일찍부터 자각하여 개선해 온 데 비해, 우리는(동양은) 오랫동안 그 문제점을 개선하지 않았다는 차이가 있을 뿐이다.

　그러다가 20세기에 들어 서양 문물이 물밀 듯이 밀려오게 되자 우리는 큰 혼란에 빠질 수밖에 없었다. 서양인들이 수백 년에 걸쳐 개선해 온 문제를 우리는 짧은 시간 안에 해결해야 했기 때문이다.

　20세기 들어서 우리가 가장 많이 들었고, 지금에 와서는 새삼 강조하는 것조차 어색할 정도가 된 말이 '민주주의'이다. 그리고 민주주의는 사회 구성원들의 기본적인 권리를 평등하게 인정함으로써 시작된다.

　따라서 우리는 해방 이후 50여 년 동안 민주주의를 위한 법을 정비하거나 제도를 개선하는 등의 거시적(巨視的)·외적(外的) 작업에 진력해 왔다. 그런 노력의 결과로써 우리는 제2차 세계대전 이전에 후진국이었던 나라로서는 유일하게 준선진국의 수준까지 발전할 수 있었다.

　그러나 아직까지 우리에게는 공자의 잔재, 유가의 잔재가 남아 있다. 그 한 예가 앞에서 본 국회의원 사건이거니와, 사실 이와 비슷한 자잘한 사건은 지금도 우리들

의 집안에서, 학교에서, 길거리에서, 공공 장소에서 빈번히 일어나고 있다. 따라서 거시적·외적·법률적인 정비가 어느 정도 되었다고 볼 수 있는 지금에 이르러, 우리는 우리들 자신의 의식을 개혁하는 쪽에 노력을 기울여야만 한다.

 제도가 아무리 민주화되었다고 할지라도 그것을 운영하는 구성원(국민)의 의식이 민주화되지 못할 경우 그 좋은 제도는 반밖에는 힘을 발휘하지 못하게 된다. 제도와 법으로써는 국가의 모든 문제를 다 제어, 조절할 수 없기 때문이다.

 국민 개개인 속에 남아 있는 비민주성.

 그것이 개선되지 않는 한 우리 나라가 선진국으로 진입하는 것은 불가능할 것이다. 오늘날 우리 앞에 닥쳐 있는 국민 소득 2만 달러의 벽은, 이제는 경제와 정치의 문제라기보다는 국민 의식의 문제인 것이다.

 국민 개개인의 의식이 완전히 민주화되지 않은 상태에서의 제도 정비는 '위장병을 고치지 않고 보약 먹기'이다. 그 경우 아무리 좋은 보약을 먹은들 제대로 소화가 될 리 없다. 따라서 이제는 위장병 고치기, 즉 우리의 의식을 민주화하는 데 힘을 기울여야 할 때이다.

 따라서 우리는 공자와 《논어》를 알아야 한다. 공자와 《논어》를 모르고서는 우리 자신을 알 수 없기 때문이다. 공자와 《논어》를 모르고서는 우리 자신 속에 숨어 있는

비민주성을 알 수 없고, 그것을 알아 고치지 않고서는, 적게는 나의 발전을 이룰 수 없고, 크게는 대한민국의 발전을 이룰 수 없다.

그렇다면 공자와 《논어》는 모두가 다 버려야만 할 무엇인가.

그것은 그렇지 않다. 절대로 그렇지 않다. 다시 한 번 반복하거니와 공자와 《논어》에는 절대로 버려서는 안 되는, 절대로 죽을 수 없는, 영원한, 언제 어디서나 누구에게나 설득력을 지니는 위대한 어떤 것이 있다.

간단히 정리하면 공자의 정치·사회 사상은 이제는 거의 필요 없게 되었다. 혹 필요한 점이 있더라도 그것은 루소를 비롯한 서양의 민주주의 사상가들의 것으로써 더욱 정교하게 대체할 수 있는 것이므로 굳이 공자를 거론할 필요는 없다.

그러나 한 개인의 인격을 도야하는 분야에 있어서는, 공자는 여전히 인류의 위대한 스승이고, 《논어》 또한 인류 최고의 고전 가운데 하나이다.

본 《만화 논어》는 이 둘 가운데 후자의 부분에 초점이 맞추어 씌어졌다. 그에 비해 상대적으로 공자와 《논어》의 부정적인 측면은 적게 다루었는데, 그렇게 한 까닭은 우리가 살고 있는 환경이 굳이 그 점을 다루지 않더라도 그것을 깨달을 수 있는 많은 기회를 제공하고 있다고 판단했기 때문이다.

자, 그러면 《논어》를 이해하기 위해 먼저 공자라는 인물부터 살펴보기로 하자.

제1장

공자의 생애

《논어》를 알려면 먼저 그 실질적인 저작자인 공자를 알야야 한다.
4대 스승의 하나로 꼽히는 거인. 위대한 성인으로,
또는 봉건제의 옹호자로서 중국인과 동북아시아 사람들을
2500년 동안 웃고 울린 사람. 공자는 과연 누구인가?

공자를 위한 변명

공자의 권위는 역사를 거쳐 오는 동안 부침을 거듭하였다.
특히 공자는 봉건제의 옹호자로서 근대 이후 엄청난 비난을 받았는데….

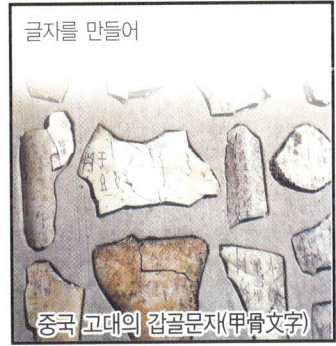

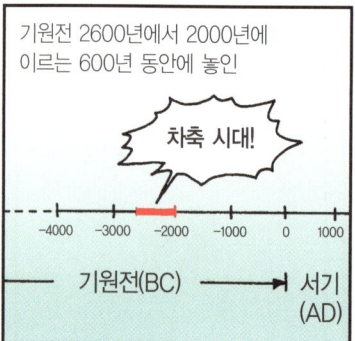

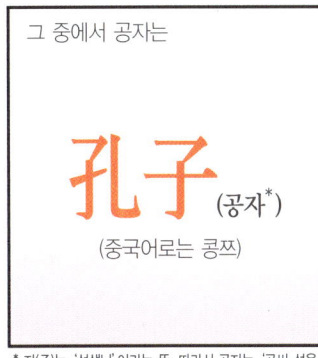

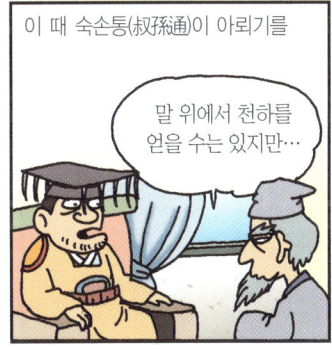

그제야 허겁지겁 서양을 배우는 과정에서 여러 가지 고통을 겪는 동안

東道西器論
(동도서기론)
중국의 '도(사상)'를 서양의 '그릇(과학, 기술, 제도)'에 담자는 주장

사회·문화·정치에 깊이 스민 봉건성의 문제점을 자각하고 그 죄를 공자와 유교에 물은 것이다.

전통에 대한 그런 반발은 서구의 자본주의(민주주의)보다는 극단적인 공산주의를 받아들이게 했는데,

장제스(장개석)는 봉건이고, 마오쩌둥(모택동)이 옳다해!

근래 들어서는 그들도 이제 자본주의 쪽으로 나아가고 있다.

덩샤오핑
검은 고양이든 흰 고양이든 쥐만 잡으면 된다!*

* 이른바 흑묘백묘론(黑猫白猫論)

이로써 현대인의 정치·사회적 기준으로 고대의 인물을 평가하는 것은 옳지 않다는 것을 알 수 있다.

고대 / 현대
NO!

즉, 동북아시아(중국, 우리 나라, 일본)가 유럽에 비해 정치적으로 뒤처지게 된 것은

일본이 경제적으론 강대국이지만 정치는 아직도 2류라는 평도 있지요.

공자와 유교 그 자체보다는 그것을 개혁, 극복해야 할 시점에 그렇게 하지 못한 후대인에게 있다.

어허, 괜찮다니까!
이젠 고치자!

따라서 우리는 공자라는 위대한 인물에 대해 '통시대적인' 또는 '모든 분야'에 대한 절대적인 권위자로서가 아닌

감히 공자님 말씀에 토를 달아?

공자가 살았던 시대 안에서 그의 고민과 노력을 먼저 이해해야 한다.

이 난세를 어찌할꼬?

공자를 자세히 살펴보면 오늘날에도 가치있는 사색과 통찰이 풍부하게 담겨 있다.

그러니 인류의 4대 스승 중 하나지.

이제는 버려야 할 공자와, 지금도 심오한 공자.

그걸 알기 위해 우리는 이제부터 옛 중국으로 돌아가 보자.

타임 머신 타세요!
단돈 만 원!

공자까지의 중국 고대사

전설시대를 거쳐 역사시대로, 미개한 원시 봉건사회로부터
치열한 약육강식의 시대로 나아가던 격랑의 세월 한가운데에
태어난 우리의 주인공 공자는….

공자의 삶을 이해하려면 먼저 공자 당시의 중국을…

그리고 그 때까지의 중국 역사를 이해해야 한다.

현재는 과거의 결과이니까요.

하모!

중국의 역사 또한 신화로부터 시작된다.
먼저 천지 창조자 반고(盤古).

반고가 죽어 눈은 태양과 달이 되고

내 안구를 하늘에 기증하노라.

몸은 산으로, 피는 강으로 변했다나?

아낌 없이 준다!

그 후 여와*라는 신에 의해 인간이 창조되었고

* 몸은 뱀이고 얼굴은 사람이었다고 함

이른바 삼황(三皇) 시대가 열렸다.

천황씨, 지황씨, 인황씨
수인씨, 복희씨, 신농씨(염제)
복희씨, 신농씨, 황제

여러 가지의 삼황설이 있지요.

삼황 시대에 수렵, 농경, 상업, 의약이 시작되었고,

계란이 왔어요~.

그 마지막인 황제(黃帝) 헌원(軒轅)은 지금도 중국 문명의 시조로 숭상되고 있다.

24 _ 논어

*선양은 자식이 아닌 현자에게 왕위를 잇게 하는 일

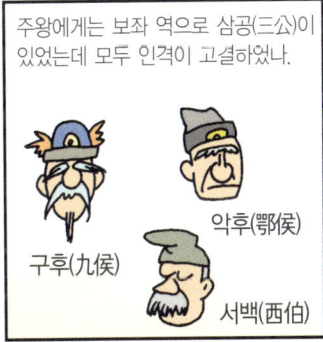

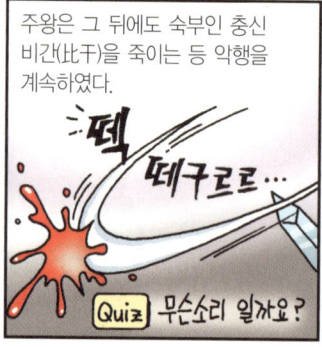
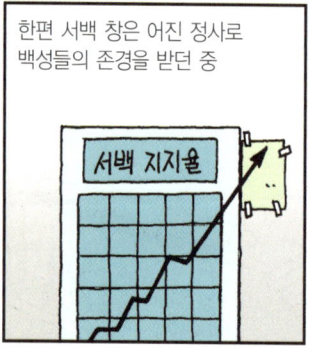

* 진시황 이전에는 황제라는 말을 쓰지 않았음. 후대의 황제가 당시에는 왕으로 불렸음

도읍을 낙양(洛陽)으로 옮기니, 그 전까지를 서주(西周), 그 이후를 동주(東周)라 한다.

서주 시대여, 안녕~!

그 때부터 천자는 힘이 약해지고 대신 지방의 제후들이 힘을 겨루게 되어

힘센 제후국을 중심으로 지역 국가들이 통폐합되었다.

벌써 일곱 나라 먹었다.

주나라가 도읍을 옮긴 때로부터 강대한 제후국이었던 진(晉)나라가 셋으로 분할될 때까지의 320년 간을 춘추 시대라 하고

BC 770~BC 453

그 뒤 일곱으로 나뉘어 있던 천하가 진시황에 의해 통일될 때까지를 전국 시대라고 한다.

BC 453~BC 221

공자가 태어난 것은 춘추 시대 말기, 태어난 곳은 노나라인데

하필 이면…

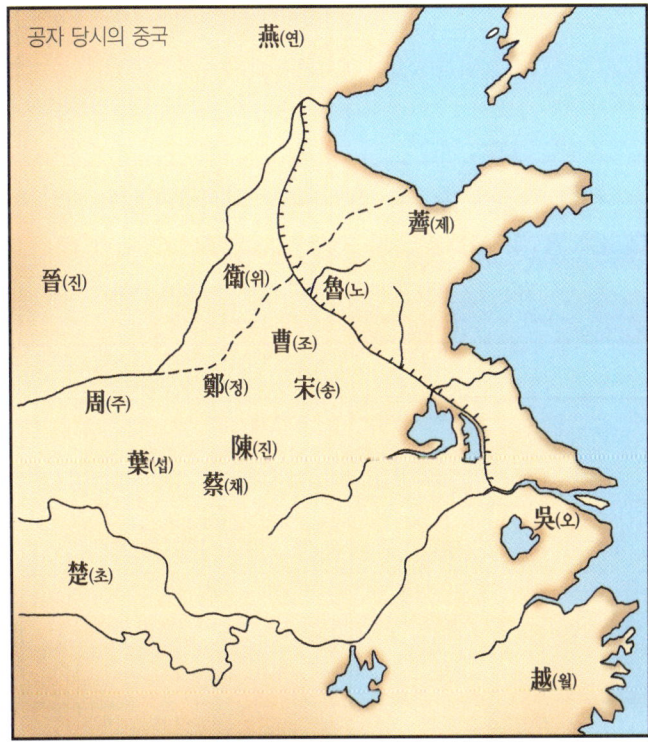
공자 당시의 중국

노나라는 춘추 시대의 12제후국 중에서도 힘이 약했다.

춘추 시대에 공자가 태어나기 이전, 제 나라 한곤(桓公)은 명재상 관중(管仲)의 보필을 받아

공자의 생애 _ 33

여러 제후를 소집하여 천자에게 예를 행함으로써 춘추 시대의 첫 패자(覇者)가 되었다.

제후의 '오야붕' 격인 패자는 그 뒤로도 여럿 나왔는데

춘추 오패로 꼽히는 제후들
제환공(齊桓公)
진문공(晉文公)
초장왕(楚莊王)
진목공(秦穆公)
송양공(宋襄公)
오부차(吳夫差)
월구천(越勾踐)

이렇듯 모든 것이 힘으로 결정되던 시대…

예악(禮樂) 명분(名分)
도의(道義) 인민(人民)
인덕(仁德)

바야흐로 약육강식의 물결은 천하를 휩쓸고 있었다.

패도(覇道)의 결과는 곧 아귀다툼과 혼란이었고, 혼란은 민중에게 있어 참혹한 고통이었다.

이를 어찌할 것인가?

어디서부터 질서를 찾을 것인가?

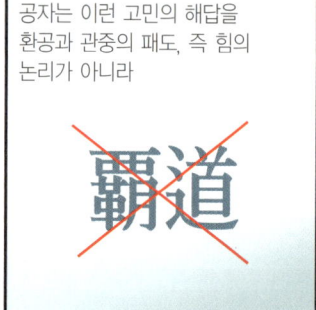
공자는 이런 고민의 해답을 환공과 관중의 패도, 즉 힘의 논리가 아니라

자기의 고국인 노나라에 아직도 남아 있는 주나라 초기의 문물에서

막상 주나라에서는 사라진 문물이…

우리 노나라에는 아직 남아 있다!

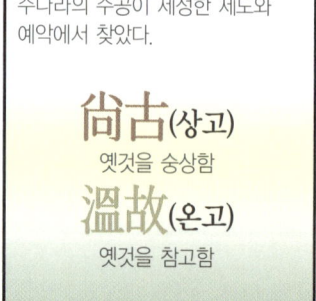
주나라의 주공이 제정한 제도와 예악에서 찾았다.

尙古(상고)
옛것을 숭상함

溫故(온고)
옛것을 참고함

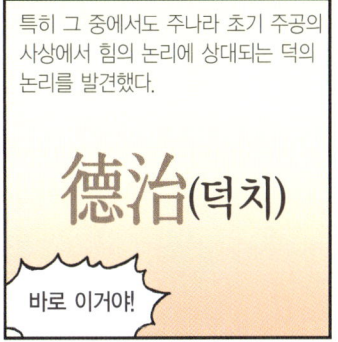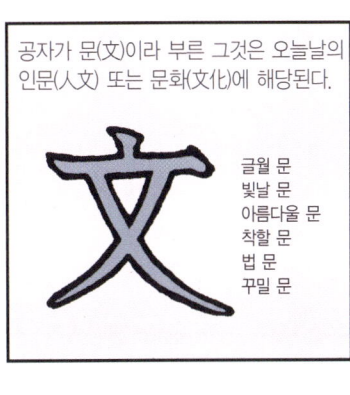

이 난세를 어찌할꼬?

전통의 가치가 무너지고 힘의 논리가 횡행하던 시대.
그 한가운데에서 자기에게 충직하고 배움에 근실했던 사람 공자는….

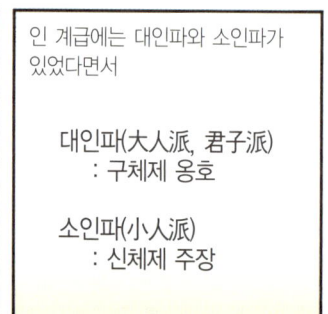

머나먼 이상

어리석고 탐욕스런 군주에게 인덕을 설파하는 공자.
그러나 그에 귀기울이는 나라는 없었다. 그래도 그는 크나큰 꿈을
포기하지 않으니, 공자는 마침내 위대한 예언자가 되었다.

왕보다 뛰어난 현자를 국가 지도자로 세우기 위한 투표제를 제안하지는 않았다.

공자의 이상 사회는 어디까지나 봉건제 내에서의 대동 사회죠.

그렇긴 하지만 무도한 걸주를 내치고 천자가 된 탕왕과 무왕을 존경한 것에서 보듯

그가 무조건적인 봉건제의 신봉자만은 아니었다.

봉건주의의 문제점을 나에게만 덮어씌우지 마셔!

공자는 당시 주나라 천자에 대해 언급하지 않았다.

봉건주의자라면 당연히 그래야 하는데?

그것은 현재의 천자가 아닌, 새로이 소명을 받은 고매한 덕을 지닌 제후가 있어야 하며

자신은 그를 도와 새로운 질서의 중심에 서고자 한 것으로 해석할 수 있을 것이다.

그런 군주를 찾아 떠난 공자의 주유천하(周遊天下)는 맨 먼저 위(衛)로 향했다.

가장 가까운 나라부터 가자.

당시 위의 군주는 영공(靈公).

어서 오시오, 공 선생.

그러나 그의 첫 질문은

그래, 노나라에서는 녹을 얼마나 받으셨소이까?

공자는 자기의 철학이나 이상이 아니라 돈 문제부터 꺼내는 영공에게 실망했다.

예, 6만 두(斗)를 받았습니다.

어쨌든 공자의 명성은 이미 위나라에도 진동하고 있었으므로 영공은

나도 그 정도로 대우해 드리려 하오.

그러나 내심 확신이 서지 않아 공자의 기용을 망설이고 있었다.

쓰자니 그렇고, 안 쓰자니 또 그렇고….

그 때 왕손가(王孫賈)라는 위나라 대부가 공자를 초대했다.

권신 왕손가가 공자에게 은근히 말했다.

공 선생, 왜 이런 속담이 있잖습니까?

안방신보다는 부엌신에게 비는(기도하는) 것이 효험이 빠르다. 이런 속담 말이외다.

왕손가는 안방신 격인 임금보다는 실질적인 실력자인 자기에게 잘 보이는 것이

사장보다는 인사부장인 나에게 잘 보여야…

출세에 도움이 된다는 뜻으로 이 말을 던진 것인데

공자는 좀 엉뚱한 대답을 하였다.

하늘에 죄를 지으면 빌 데가 없소이다.

득죄어천 (得罪於天)이면 무소도야 (無所禱也)니라!

무슨 뜻인고 하니, 당신은 안방신이니 부엌신이니 하며 작은 신들을 논하지만

나, 신! 나도 신! 나도!

나는 그런 신들 위에 드높고 드넓게 드리우고 있는 하늘을,

그 공명정대함을 상대하고 있다는 것.

자신은 겉보기에는 벼슬을 구하는 구직자이지만 그 내용은 그대와 다르다는 것이다.

제발 속을 보아 주세요.

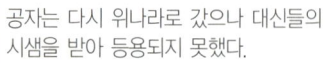

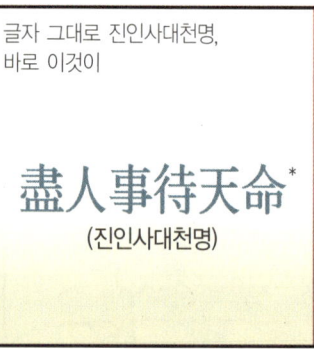

*사람의 할 일을 다한 다음 하늘의 명을 기다림

중국 문화를 집대성하다

칼이 아니라 붓의 힘을 믿은 사람,
예술을 향유할 줄 알고 전무후무한 박학다식으로
당시까지의 정치·제례·역사·문화를 총정리한 사람,
그가 바로 공자였다.

* 술이부작(述而不作)

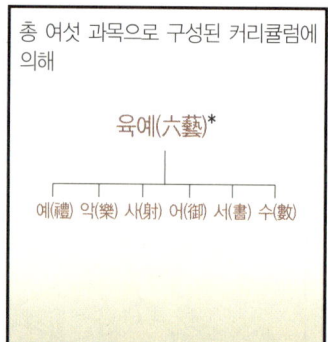

* 여기서 예(藝)는 오늘날의 예술이 아니라 익숙해진다는 의미.

공자 당시의 배움은 문(文)과 무(武) 또는 인문, 과학, 예술을 망라하는 것이었다.

예(禮) → 종교=윤리
악(樂) → 음악=예술
사(射) → 활쏘기=무(武)
어(御) → 수레몰기=무(武)
서(書) → 국어=인문
수(數) → 수학=과학

이 여섯 과목 중에 공자는 예를 가장 중시하였고, 그에 관해서는 《예경》을 편찬하였다.

* 오경(五經) : 시, 서, 역, 춘추, 예경 등 다섯 경서.

예의 본질이 인격 수양에 있음은 이미 말한 바 있는데

아, 글쎄…, '도·덕·인'이 없는 예는 고무줄 없는 팬티라니까!

어느 때 공자는 말하였다. "도에 뜻을 두고, 덕에 준거하고, 인에 의지하며, 예에 노닌다."

지어도(志於道) 거어덕(據於德) 의어인(依於仁) 유어예(遊於藝)

즉, 예의 본질인 도(道)·덕(德)·인(仁)의 내면이 사(射)·어(御)·서(書)·수(數) 등의 기능으로 구현되면

공자는 머리로만 아는 학문이 아니라 꾸준한 연마와 실천을 강조했죠.

그것이 유(遊:노닐 유)로, 유는 다시 악(樂), 즉 예술의 경지로 승화된다고 보았다.

기타를 배울 때는 그렇게 어렵더니…

통달하고 나니 연습이 곧 노는 거라고 할 수 있겠군.

악(樂)은 동시에 낙(樂)이기도 하다.

樂
풍류 악, 즐거울 낙, 좋아할 요

* 왕은 남쪽을 향해 앉는다(南面).

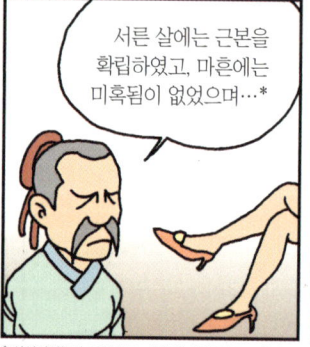

* 오십유오이지우학(吾十有五而志于學)하고
* 삼십이립(三十而立)하고, 사십이불혹(四十而不惑)하고
* 오십이지천명(五十而知天命)하고

* 육십이이순(六十而耳順)하고
* 칠십이종심소욕(七十而從心所欲)이라도 불유구(不踰矩)니라.

공자의 제자들

공자에게는 모두 3천 명의 제자가 있었다고 한다.
그 중 72명(혹은 77명)의 뛰어난 제자를 72현(賢)이라고 하고,
그 중에서 다시 특출한 10명을 공문십철(孔門十哲)이라고 한다.

■ 10대 제자 ■

자로(子路) 공자보다 9세 연하로, 제자 중 최고 선배 격인 그는 강직한 무인(武人)이었다. 솔직하고 용감했으나, 세련된 깊이는 부족하였다. 본명은 중유(仲由)이고, 자로는 그의 자(字)*이다.

* 자(字)는 친구간에, 혹은 어른이 아랫사람을 점잖게 부르기 위해 짓는 또 하나의 이름

자공(子貢) 영리하고 재주가 많은 수재형의 제자. 언변에 능하여 말만으로 주변 여러 나라의 운명을 바꿀 정도였다. 이재(理財)에도 밝아 큰 부자가 되어 공자를 후원하였다. 자공은 자이고, 본명은 단목사(端木賜)이며, 공자보다 31세 아래이다.

안회(顔回) 가난한 가운데 묵묵히 배우고 덕행을 쌓음으로써 공자로부터 칭찬을 많이 받은 애제자로, 공자보다 30세가 적었다. 자공까지도 스승 앞에서 안회를 가리켜 "저는 하나를 들으면 둘을 알지만 그는 하나를 들으면 열을 압니다."라고 하며 그를 인정할 정도였지만 젊은 나이에 죽음으로써 스승을 절망에 빠뜨렸다. 후대의 유학자들로부터 공자에 버금가는 성인, 즉 아성(亞聖)으로, 또는 안자(顔子)로 존숭되었다. 자는 연(淵).

자아(子我) 자아는 자이고, 이름은 재여(宰予)이다. 자공과 더불어 언어에 특히 뛰어났으나 재치가 지나쳐 말보다 행실을 강조하는 공자의 꾸지람을 많이 들었다. 그러면서도 스승에게 최고의 찬사를 보낸 것을 보면 공자의 인격을 미루어 짐작할 수 있다.

자하(子夏) 이름은 복상(卜商)이고, 자하는 그의 자이다. 공자보다 44세 연하로, 전국 시대의 명주(名主)였던 위문후(魏文侯)의 스승이 되었고, 많은 제자를 두었다. 특히 문학 방면에 소질이 있었으나 행동력은 약한 편이었다.

자유(子有) 이름은 염구(冉求)이고, 자유는 자이다. 노나라의 권신 계강자 밑에서 가신(家臣)이 되었는데, 주인을 위해 세금을 올리자 공자는 제자들에게 "그는 내 제자가 아니다."라고 선언했다. 공자보다 29세 연하였다.

중궁(仲弓) 중궁은 자이고, 이름은 염옹(冉雍)이다. 말재주는 없었으나 인품이 온화하였다. 공자는 그를 가리켜 "임금을 시킬 만하다."고까지 칭찬한 적이 있는데, 이로써 공자가 세습 봉건제 옹호자인 한편, 덕 있는 자가 임금이 되는 것이 옳다는 생각도 갖고 있었던 것을 알 수 있다.

자유(子遊) 자유는 자이고, 이름은 언언(言偃)이다. 무성(武城)의 읍재(邑宰)가 되어 좋은 치적을 거두자 공자가 크게 칭찬하였다. 공자보다 45세 연하였다.

자건(子騫) 효자로 이름이 높다. 자건은 자이고, 이름은 민손(閔損)이다. 계씨가 채용하려 했으나 거절하였다. 공자보다 25세 연하.

백우(伯牛) 백우는 자이고, 이름은 염경(冉耕)이다. 덕행이 높아 공자의 칭찬을 받았다. 나쁜 병(문둥병?)에 걸렸기 때문에 공자가 탄식하였다.

■ **10대 제자 이외의 뛰어난 제자들** ■

자장(子張) 이름은 단손사(端孫師)이다. 자장은 자이며, 공자보다 48세 연하인 그는 깊이 생각하기보다는 먼저 움직이고 보는 성격의 소유자였다. 그 점에서 그는 '지나친 사람'으로서 '못 미치는 사람'인 사하에 대비되었다.

자천(子賤) 자천은 자이고, 이름은 복부제(宓不齊)이다. 선보(單父)의 읍재(邑宰)로 성공을 거두었는데, 성품이 겸허하여 공자가 크게 칭찬하였다. 공자보다 49세 어렸다.

유약(有若) 공자보다 43세 연하인 그는 외모가 공자를 닮은 사람이었다. 증삼과 더불어 제자를 많이 두었고, 이 때문에 논어에서 그는 증삼과 더불어 자(子: 선생님)로 존칭되어 일컬어지고 있다.

 **원헌(原憲)** 자는 자사(子思)이며, 공자의 손자인 자사와 구별해야 한다. 공자 사후 세상을 피하여 연못가에 숨어 가난하게 살았는데, 부유했던 자공이 그를 방문했다가 면박을 당한 적이 있다.

담대멸명(澹臺滅明) 담대멸명은 이름이고, 자는 자우(子羽). 외모가 추악하여 공자도 그에게 주목하지 않았지만 덕행이 높아 제자가 300명이나 되었다. 마침내 공자 또한 자신의 사람 보는 눈에 실수가 있었음을 인정했다.

 **안로(顔路)** 수제자인 안회의 아버지이다.

공야장(公冶長) 자는 자장(子長)인데, 한때 감옥에 갇혔으나, 공자는 그의 무죄를 인정하여 사위로 삼았다.

 **칠조개(漆彫開)** 자는 자개(子開)이고, 칠조개는 이름. 매우 겸손하여 공자가 벼슬살이를 권했지만 아직 부족하다며 사양했는데, 공자는 그런 그의 겸손한 태도에 크게 기뻐하였다.

백어(伯魚) 공자의 아들로 백어는 자이고, 이름은 리(鯉)이다.

■ 공자의 가르침을 후대에 이어간 중요한 인물들 ■

증삼(曾參) 공자보다 46세 젊었으나 공자 사후 실질적으로 공자 교단을 이끌었다. 증삼은 이름이고 자는 자여(子輿)이다. 아버지는 증점(曾點)으로 그 역시 공자의 제자인데, 삼은 그에 대한 효도로 유명하였다. 《효경(孝經)》이 그의 저작으로 알려져 있으며, 그는 공자 사상의 핵심보다는 지엽말단을 이어받았다는 평을 받는다. 그러나 어찌되었든 공자 교단을 유지한 것과, 자사라는 큰 제자를 키운 것만은 위대한 공적이라고 해야 할 것이다. 후대의 유학자들에 의해 증자(曾子)로 존숭되었다. (BC 506~BC 436)

자사(子思) 증자의 제자이자 공자의 손자로, 이름은 급(伋), 자사는 자이다. 나중에 사서(四書)로 존숭된 《중용(中庸)》의 저자인데, 이 책은 유가 학파의 가장 심오한 저서라고 할 수 있는 철학서이다. (BC 483?~BC 402?)

맹자(孟子) 이름은 가(軻)이며, 공자의 고향에서 가까운 추(鄒)에서 태어나 자사의 제자에게서 공자의 학설을 배운 다음 자기 나름의 유학 사상을 전개하였다. 공자가 인(仁)을 강조한 데 대해 의(義)를 강조하여, 후대인으로 하여금 '유교는 인의(仁義)의 학문'이라고 인식하게 했는데, 그것은 그가 처한 시대가 공자가 살았던 춘추 시대보다 더 가혹한 전국 시대였기 때문이라고 할 수 있다. 공자의 정중·근실·온화한 성품에 비할 때 그는 강직한 성품을 지닌 개혁주의자였다. 그의 사상이 담긴 저서인 《맹자》는 후대에 송(宋)의 주자(朱子)에 의해 《논어》, 《중용》, 《대학(大學)》과 함께 사서(四書)로 존숭되었고, 당시까지는 그리 높지 않았던 그에 대한 평가도 높아져서 안자(안회)와 더불어 공자에 버금가는 성인, 즉 아성(亞聖)으로 받아들여졌다. (BC 372?~BC 289?)

순자(荀子) 맹자의 성선설(性善說)에 비교되는 성악설(性惡說)을 주장한 그의 이름은 경(卿)이다. 자하의 하파에서 배웠는데, 형명법술(刑名法術)을 대성한 한비(韓非)가 그의 제자이다. 그의 성악설은 사람이 천성적으로 악하다는 것이라기보다는 후천적으로 교화할 필요가 있다는 쪽에 의미를 둔 것이다. (BC 298?~BC 238?)

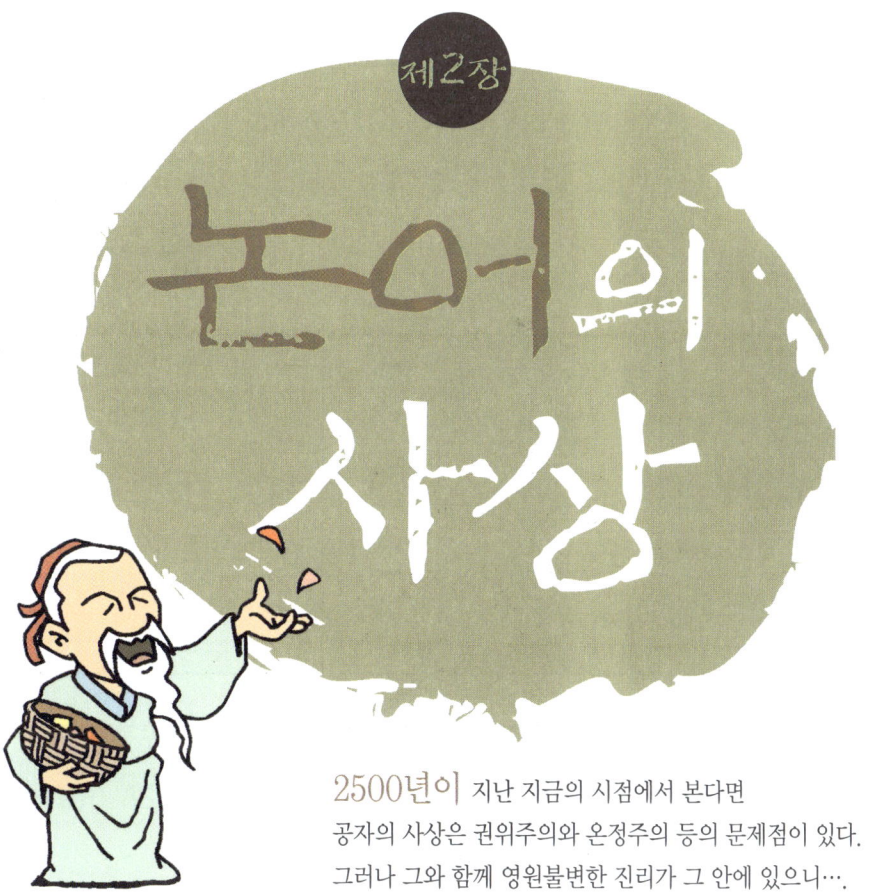

제2장 논어의 사상

2500년이 지난 지금의 시점에서 본다면
공자의 사상은 권위주의와 온정주의 등의 문제점이 있다.
그러나 그와 함께 영원불변한 진리가 그 안에 있으니….

《논어》는 인(仁)을 말한다

문화의 핵심인 예(禮), 예의 본질인 인(仁),
인은 자신에 대한 성실이자 남에 대한 너그러움이다.

춘추전국 시대에 중국에서는

수많은 사상가들이 출현했는데

이들을 총칭하여 제자백가라 한다.

諸子 여러 선생님
百家 여러 가지 사상

그 중 가장 주목할 만한 사상은 네 가지이다.

유가(儒家)
도가(道家)
묵가(墨家)
법가(法家)

이 중 도가는 사회·국가보다는 개인의 수양에 기울어져 있고

묵가는 개인이나 국가보다는 사회에,

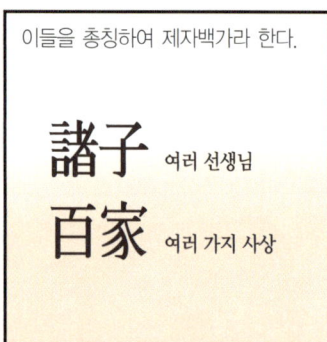

법가는 개인·사회보다는 국가를 중시한 데 비해

왕을 중심으로 한… **강한 국가!**

고놈…, 맘에 드네.

유가는 개인-사회-국가를 모두 조화시키려고 했다.

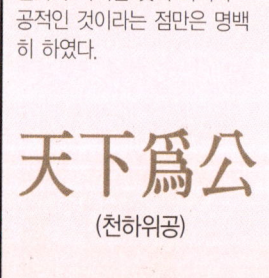
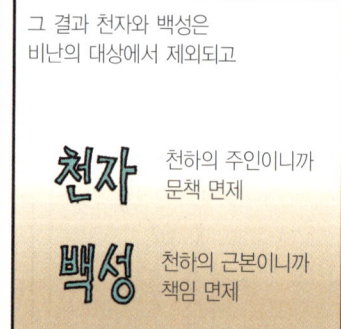

* 군자(君子)는 유어의(喻於義)하고, 소인(小人)은 유어이(喻於利)니라.

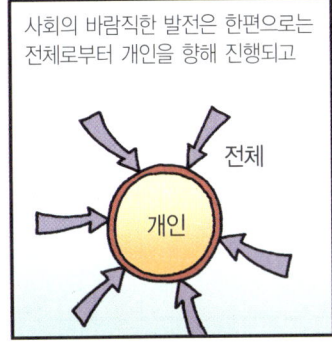
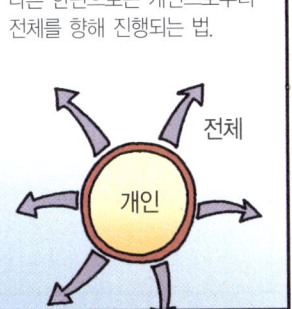

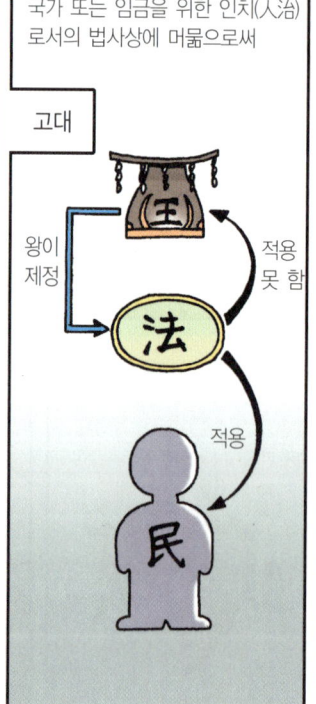

공자는 대답했다.

"큰 손님을 만난 듯, 큰 제사를 지내듯."

또한 내가 하고 싶지 않은 것을 남에게 시키지 않는 것이니라.

*기소불욕을 물시어인하라.

즉, 인이란 자기에게는 성실한 마음이고

남에게는 너그러운 베풂이다.

전자를 충(忠), 후자를 서(恕)라 하는데,

忠 정성 충
사(私) 없을 충
충성 충

恕 헤아릴 서
어질 서
용서할 서

인의 길(仁道)은 곧 충서의 길이다.

仁道(인도)

충(忠) : 성실한 마음 → 잘못을 자기에게서 찾음 → 주관적 수양 = 극기(克己)

서(恕) : 너그러운 마음 → 남을 위해 주기 → 사회적인 기여 = 복례(復禮)

이 두 덕목 중에서 충(忠)은 글자 모양에서 보듯이

中 가운데 중
마음 중
맞힐 중

心 마음 심, 가운데 심
생각할 심, 가슴 심
근본 심

마음의 한가운데에 있는,

첫마음, 순수한 마음을 의미한다.

나중에 충(忠)은 일관된 마음, 헌신하는 마음을 의미하게 되었지만

충성!

쉬어!

논어의 사상 _ 79

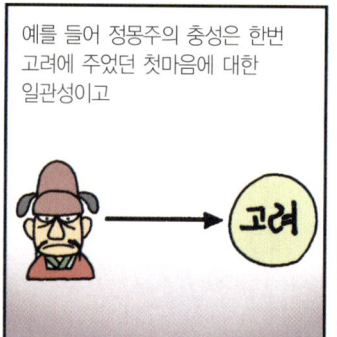

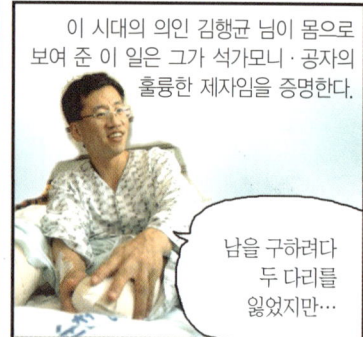

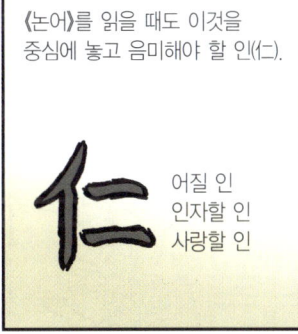

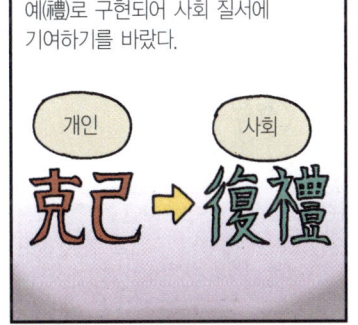

《논어》의 사상에는 약점도 있다

2500년이 지난 지금의 시점에서 본다면 공자의 사상은
권위주의와 온정주의 등의 문제점이 있다.
그러나 그러면서도….

바로 여기서부터 공자의 문제점이 나타나기 시작한다.
나도 완벽한 사람은 아니라니까!

공자가 생각한 것처럼 인간은 분명히 인(仁)한 존재이지만

진실로 인에 뜻을 두면… 도무지 악해질 수가 없다.*

*구지어인의(苟志於仁矣)면 무악야(無惡也)니라.

그러면서도 인간은 다른 한편 남이 죽고 사는 문제보다
천 원이면 하루 사는데….
아프리카 난민

내 손톱 밑이 곪은 아픔을 더 크게 느끼는 존재이기도 하다.
키킥! 우리 뽀삐 반나절 사료값도 안 되네!

지구 반대편에선 수십만 명이 굶어 죽는데 해마다 전세계적으로 애완 동물에게 수조 원씩 소비하는 아이러니가 현실!

공자는 인간의 이같은 이기성을 솔직하게 인정하기보다는
휙!

인간의 이타성을 지나치게 믿었거나 강조하였다.
난민 구호 시설

인간의 고귀한 성품을 믿고 선양했다는 점에서 공자는
끄덕 끄덕
우리 애가 천성은 참 착한데….

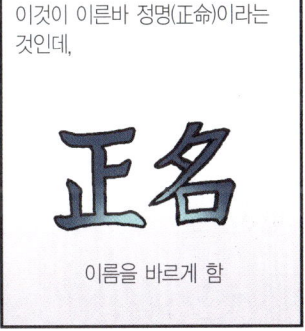

권위주의와 더불어 공자 사상에서 또 하나 문제가 되는 것은 온정주의이다.

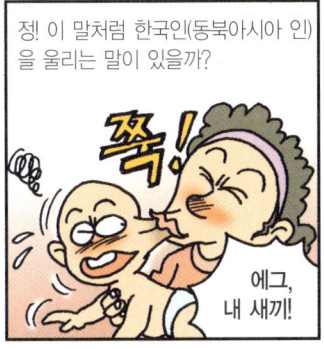

정! 이 말처럼 한국인(동북아시아 인)을 울리는 말이 있을까?

에그, 내 새끼!

눈물을 자극하는 소설이나 드라마가 반드시 성공하는 것만 보아도

뻔한 스토리인데도 자꾸 눈물이… 흑흑!

우리가 얼마나 정에 약한 사람인지 알 수 있다.

법에도 눈물이 있거늘!

당연하게도 정의 첫번째 싹은 부모와 자식 간에서 움트는 것이므로 정의 사회에서는 가족, 즉 혈연 관계가 중요하다.

피는 물보다 진하다!

일단 정의 문제가 개입되면 논리적 이성은 거기서 멈추고 마는 것이

경고! 여기서부턴 情의 나라임! - 논리는 버리고 입국할 것!

한국인, 또는 동북아시아 사람들의 일반적인 특징이다.

이것이 수학, 즉 논리가 정에 비해 상대적으로 더 발달한 그리스와 중국이 다른 점이죠.

어느 날 위령공이 공자에게 말했다.

우리나라에서 한 아들이 법을 어긴 아버지를 고발했습니다.

대단하죠?

그는 그걸 자랑이라고 말했지만 공자 왈,

어찌 그럴 수가!

자식은 아버지를 위해 그 잘못을 숨기는 게 도리이거늘!

그러나 이 말은 천하가 공공(公共)한 것이라는 말과는 맞지 않는다.

천하는 누구도 편들지 않는다.

쩝!

그래도 자식은 아버지 편을 들어야 한다.

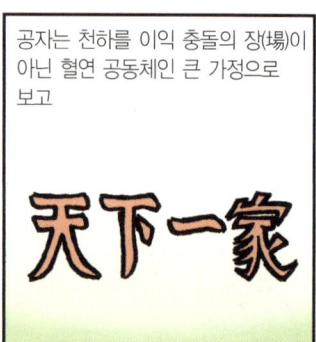

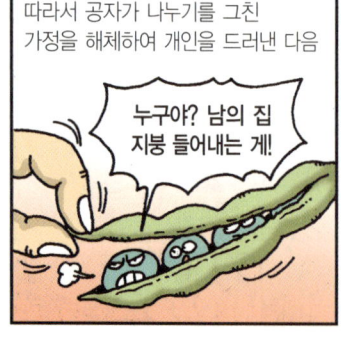

제3장
논어의 세계

고결한 인격과 깊은 식견을 갖춘, 공자는 인류 만대의 스승이었다. 공자의 인격은 크고, 높고, 거룩하고, 심오하였다. 그 숭고한 인간성과 식견은 2500년이 지난 지금까지도 빛을 발하고 있다. 그리고 《논어》는 그같은 공자의 인격과 사상을 보여 주는 위대한 책이다.

니하오, 《논어》!

총 20편으로 구성되어 있는 《논어》는 동양 최고의 고전이다.
한자에 대한 두려움과 거부감을 잠시 접고, 《논어》에게 인사를 건네 보자.

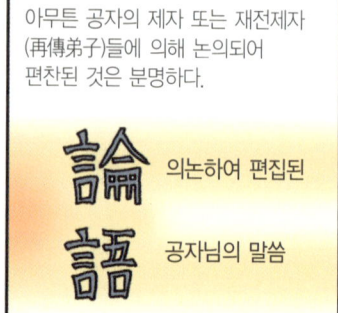

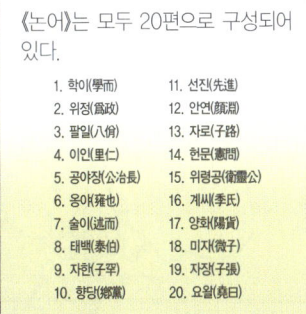

《논어》의 구성

학이(學而) 제일(第一)
위정(爲政) 제이(第二)
팔일(八佾) 제삼(第三)
이인(里仁) 제사(第四)
공야장(公冶長) 제오(第五)
옹야(雍也) 제육(第六)
술이(述而) 제칠(第七)
태백(泰伯) 제팔(第八)
자한(子罕) 제구(第九)
향당(鄕黨) 제십(第十)
선진(先進) 제십일(第十一)
안연(顔淵) 제십이(第十二)
자로(子路) 제십삼(第十三)
헌문(憲問) 제십사(第十四)
위령공(衛靈公) 제십오(第十五)
계씨(季氏) 제십육(第十六)
양화(陽貨) 제십칠(第十七)
미자(微子) 제십팔(第十八)
자장(子張) 제십구(第十九)
요왈(堯曰) 제이십(第二十)

好學勤行 _ 호학근행

배우기를 즐기고 근실하게 실천한다

《논어》는 배움의 책, 그리하여 맨 첫머리에서부터
학습(學習)을 이야기한다. 그 학습은 반드시
실천으로 이어지는 것으로서….

선비는 먼저 자신을 수양한 다음 그 덕이 남에게 미치도록 해야 한다고 공자는 생각했다.

군자는 먼저 경(敬: 공경할 경)으로써 자신을 수양하느니라.*

*수기이경(修己以敬)

그 다음에 남들을 편안하게 하는데…*

어찌하면 남을 편안케 할까?

*修己安人(수기안인)

이것은 요·순께서도 그렇게 할 수 없을까 고민하셨던 바이니라.

수기(修己)! 안인(安人)!

그런데 수양을 하려면 그에 앞서 사람의 길을 배워야 한다.

'사람의 길'에 밑줄 쫙~!

나는 한때 잠을 자지 않으면서 사색한 적이 있지만…

그러나 생각하는 것만으로는 아무 이익이 없었다.

?

결과적으로 생각하는 것이 배우는 것만 못했던 것이니라.

學 〉 思

그래서 공자는 열심히 옛 전적을 탐구했다.

나는 태어나면서부터 아는 사람*이 아니었다.

응가…

* 생이지지자(生而知之者): 태어나면서부터 아는, 천재적인 사람

* 악의악식(惡衣惡食) : 헌옷과 거친 음식

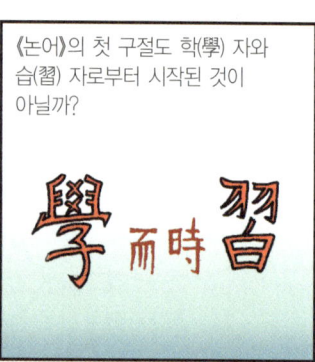

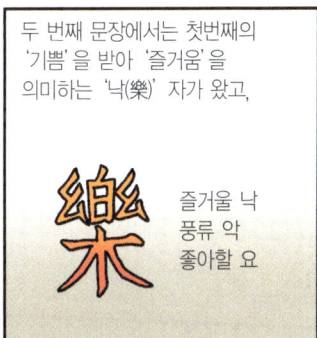

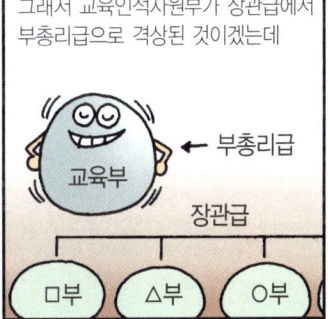

反求諸己 _ 반구저기

잘못을 나 자신에게서 찾는다

실수 없는 사람은 없다.
다만 잘못을 저지른 다음 그것을 솔직히 인정하고 고치느냐,
고치지 못하느냐가 문제일 뿐.

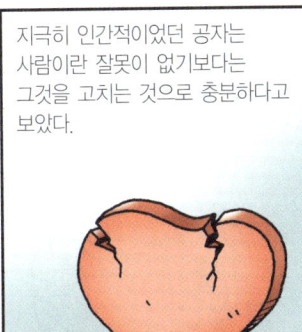

* 과즉물탄개(過則勿憚改)

* 군자(君子)는 구저기(求諸己)요, 소인(小人)은 구저인(求諸人)이니라.

溫良恭謙 _ 온량공겸

공손하게 낮추고 겸허하게 처신한다

잘못을 자신에게서 찾아 스스로 낮추는 것이 인격 수양의 길이다.
그런 선비에게는 세상 모든 사람이 다 스승이다.

그러나 잘못을 자기에게서 찾는다고 해서 같은 방식으로 남의 잘못을 찾아서는 안 된다.

그런 불공평한 처사가 어딨어요?

나에게 엄격했으면 남에게도 엄격해야 공평하잖아요?

어~허!
그래서야 군자라고 할 수 있나?

자기의 잘못에 대해서는 두텁게 나무라면서도

남의 잘못에 대해서는 꾸지람을 얇게 해야 원망이 적은 법!
괜찮아요….

이렇듯 자신의 잘못을 살피노라면 마음은 자연 겸손해지게 마련이다.

《논어》에는 그런 겸손의 사례가 많이 수록되어 있다.
자산(子産)에게는 네 가지 군자의 도가 있다.

그는 행동이 공손하고, 윗사람에게 공경스럽고…

* 불치하문(不恥下問) : 아랫사람에게 묻기를 부끄러워하지 않음

뜻대로 잘 되고 있지는 못하십니다.

허! 그럼 이만..

훌륭한 심부름꾼이구나!

거백옥과 관련하여 《장자》에 이런 말이 있다.

거백옥은 나이 쉰이 되자 지난 49년간의 잘못을 알았고, 나이 예순에 예순 번 변하였다.*

뭔가가 달라…
겉모습은 작년의 그분 같은데….

* 행년오십이지사십구년지비(行年五十而知四十九年之非), 행년육십이육십화(行年六十而六十化).

그것은 그가 끊임없이 자기 반성을 하면서 마음을 수양했다는 뜻이고,

그런 그의 자세는 옆에서 주인을 지켜 보던 심부름꾼에게도 전해져서

심부름꾼 또한 공자 앞에서 자기 주인의 겸허한 노력을 겸허하게 전했던 것이다.

제 주인께서는….
허! 그 주인에 그 아랫사람이로다!

한편 '공자의 생애' 장에서 보았듯이 안영은 공자의 출세길을 막은 사람이다.

공자 등용 반대!
자(字): 평중(平仲)

그러나 공자는 말하였다.

안평중은 사람과 잘 사귀는구나!

공경하는 마음이 오래도록 바뀌지 않는다!

* 가돈(家豚) : 자기 아들을 낮추어 부르는 말. '우리 집 돼지'라는 뜻

* 삼인행(三人行)이면 필유아사언(必有我師焉)이니라.

忠信質朴 _ 충신질박

고루하더라도 차라리 믿음직하게

세련되었지만 속이 빈 사람보다는 고지식하더라도
속이 꽉 찬 사람을 믿는, 《논어》는 사람의 내실에 주목한다.

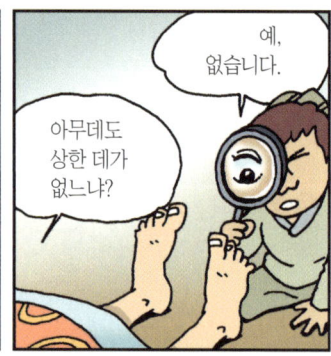

* 신체발부수지부모(身體髮膚受之父母) 불감훼상효지시야(不敢毀傷孝之始也) : 몸·머리카락·피부 등은 부모로부터 받은 것, 감히 손상치 않는 것이 효도의 시작이다.

118 _ 논어

* 교언영색(巧言令色) 선의인(鮮矣仁).

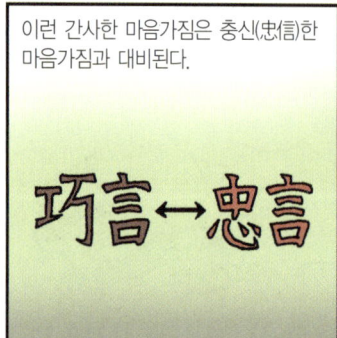
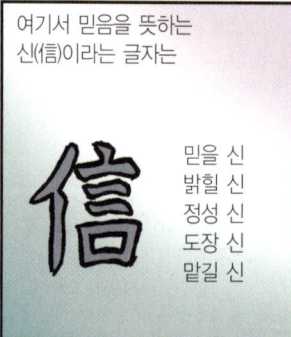
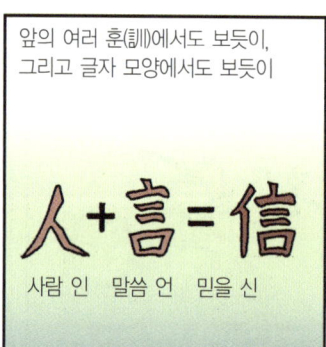

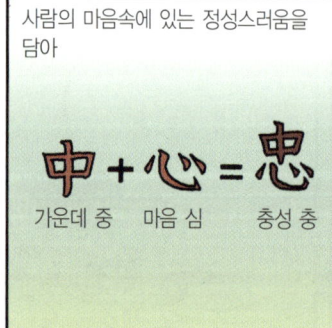
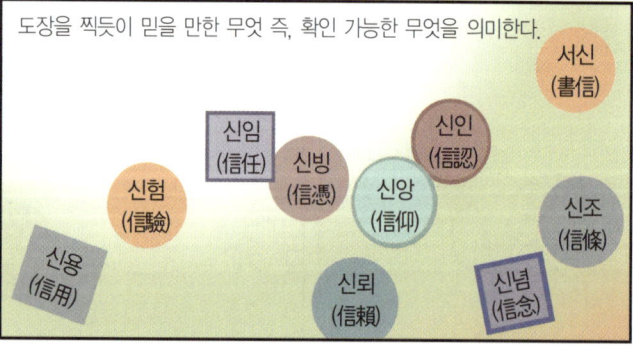

* 인이무신(人而無信)이면 부지기가야(不知其可也)니라.

* 회사후소(繪事後素)

言行一致 _ 언행일치

실천한 다음에 말하라

과묵근실을 숭상하는 유가의 학풍은 상대적으로 말의 가치를 폄하한다.
공자의 금쪽 같은 명언명구는 오히려 그런 분위기 속에서 탄생되었다.

'침묵은 금이요, 웅변은 은이다.'라는 서양 격언이 있지만

그래도 서양인들은 동양인에 비해 다변가들이다.

이것은 고대 그리스 시대의 웅변·수사(修辭)의 전통과 관련이 있고

"말씀이 곧 하느님이다."라고 선언된 성경의 인식과도 연관지어 생각해 볼 문제이다.

태초에 말씀이 계시니라.
이 말씀이 하느님과 함께 계셨으니
이 말씀이 곧 하느님이라.
(요한복음의 첫머리)

서양인들은 말하지 않는 사람은 모르는 것으로 치부할 뿐이고

무언(無言)은 곧 무지(無知)인즉⋯.

굳이 주장하지 않으면 남의 요구를 헤아려 주지 않는다.

알아서 조용해야 하는 거 아뇨?

내가 왜? 요구하는 사람도 없는데⋯

따라서 서양인들은 불만이 있으면 거리낌 없이 말한다.

사장님, 나에게 이럴 수 있습니까?

그러나 유교 문화권 사람들은 불만을 꾹 참는다.

이걸 말을 해, 말아?

* 도가도비상도(道可道非常道)

* 지자불언(知者不言) 언자부지(言者不知)

이런 분위기 속에서 이태백(李太白)으로 알려진 시인 이백(李白)은 노래하였다.

문여하사서벽산
(問余何事棲碧山)
소이부답심자한
(笑而不答心自閑)
도화유수묘연거
(桃花流水杳然去)
별유천지비인간
(別有天地非人間)

그대는 나에게 묻네,
왜 푸른 산에 사느냐고.
웃을 뿐 대답 않는
이 마음 한가로워.
복사꽃 물에 흘러
아득히 사라져 가는,
여기는 천지 밖
인간 세상 아닐세.

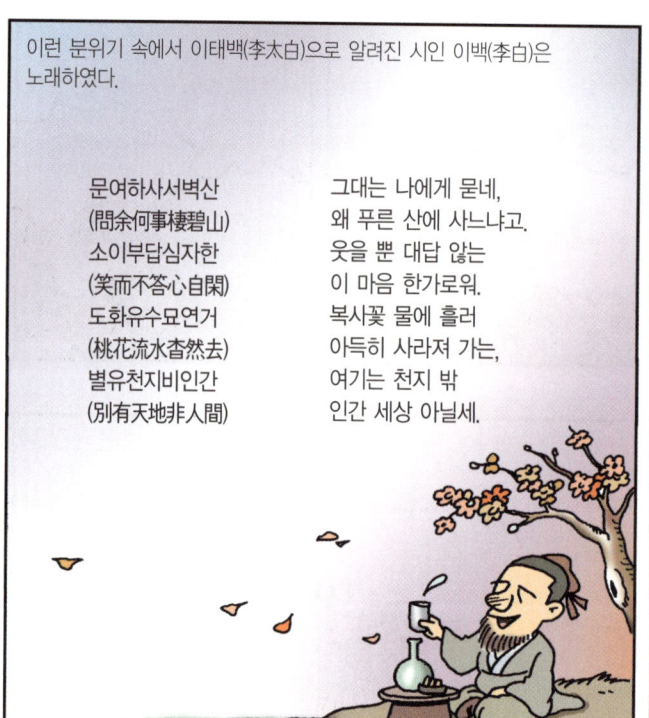

그러나 여기에 나오는 소이부답(笑而不答)의 심정을 서양인들이 알 수 있을까?

중국 최고의 시인은 벙어리였나?

묻는데 왜 대답을 안해?

그러고도 마음이 한가로웠다니 귀머거리였는지도 모르지.

그리고 이같은 언어에 대한 경계심은 《논어》에서도 찾아볼 수 있다.

교묘한 말은 덕을 어지럽히는 법.*

德

한 제자가 공자에게 말하였다.

옹은 어질기는 합니다만 말재주가 없습니다.

말재주를 어디에 쓴단 말이냐?

* 교언(巧言)은 난덕(亂德)이니라.

약삭빠른 구변으로 남의 말을 막아서 미움만 받을 뿐이니…

옹이 어진지는 내 모르겠다만

나불 나불

딴사람에겐 말할 기회도 안주고…

항차 말재주는 어디에 쓴단 말이냐!

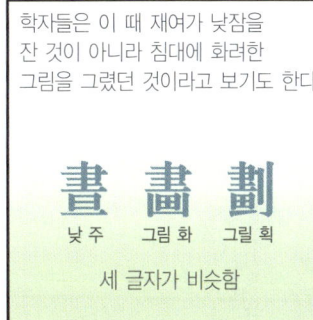

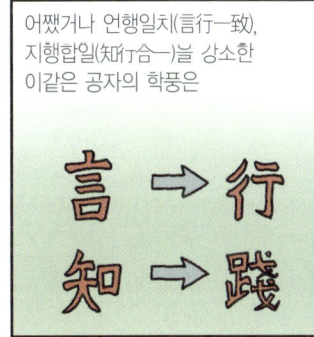

剛直義勇 _ 강직의용

굳세고 곧고 옳고 용감하게

선비는 유약함 뒤에 숨는 자가 아니다.
선비는 올곧은 정신으로 눈보라 속의 소나무처럼
당당하게 처신해야 한다.

언뜻 생각하기에 문(文)은 선비, 무(武)는 군인일 것 같지만

적어도 공자 당시에는 선비도 무를 닦아야만 했다.

선비라면 문무를 겸비해야…

그것은 당시에는 보통 때 생업에 종사하던 사람도

민방위 본부에서 알려드립니다!

전쟁이 나면 군인에 동원되는 것이 상례였기 때문이다.

가자! 전쟁 났단다!

북쪽오랑캐가 침범하여 동원소집령이…

그래서 공자가 자기의 커리큘럼에 활쏘기와 수레몰기를 포함하였던 것인데

수레몰기는 전쟁시에 매우 유용한 기술이었던 것이다.

당시에는 군대 규모를 수레의 수로 세곤 했죠.

《논어》에는 공자가 군자다운 활쏘기에 대해 언급한 곳이 있다.

군자는 다투지 않는다.

그러나 활쏘기에서는 다투게 되는데, 다만 예에 맞게 다투느니라.

오늘날의 페어 플레이 정신을 말한 거죠.

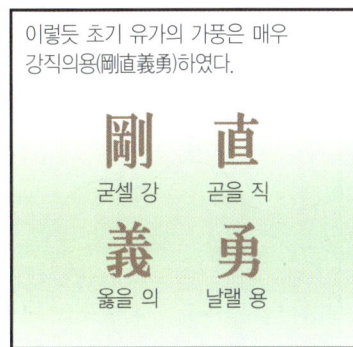

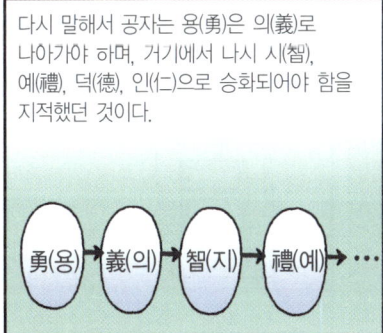

소나무와 잣나무가 더디 시드는 것을 알게 된다
_子曰 歲寒然後 知松柏之後彫也

자왈, 세한연후에 지송백지후조야니라.

*추사(秋史) 김정희(金正喜, 1786~1856)의 〈세한도(歲寒圖)〉

시인이자 화가이며 서예가이자 경세가(經世家)였던 추사 김정희는

팔방미인 이네…

1840년, 옥사에 연루되어 제주도에 유배되었는데

정치 생명이 끝난 그를 스승으로 섬기며 중국 북경에서 귀한 전적을 보내 주곤 했던 제자 이상적(李尙迪),

소포 왔어요!

추사는 그에게서 《논어》의 이 구절을 떠올렸던 것이다.

아

그대야말로 송백 같은 사람이다!

그리하여 붓을 들어 간소한 집 옆에 선 꿋꿋한 송백을 그려 그에게 주었으니

선비 정신의 상징이 된 이 수묵화가 바로 〈세한도〉인 것이다.

국보 제180호!

또 한 가지, 서울 남산에 있는 안중근 의사 기념관 마당에 있는 기념물을 보면

거기에 '견이사의 견위수명'이라는 여덟 글자가 뚜렷하다.

見利思義(견이사의)
이로움을 보면 의로움을 생각하고

見危授命(견위수명)
위태로움을 보면 목숨을 내놓는다.

안중근 의사(1879~1910).

이 또한 《논어》에서 공자가 성인(成人: 완성된 사람)에 대해 언급한 구절인데

이로써 안 의사의 의거는 바로 《논어》의 의(義)로부터 배양된 것이었음을 알 수 있다.

안 의사의 종교는 가톨릭, 의기는 유교에서!

그밖에도 이같은 의용(義勇)한 정신은 우리 역사에서도 무수히 빛을 발하였으니

勇(용)
直(직)   忠(충)
義(의)

단종에 대한 사육신의 충심

개혁 정치인이었던 김종직(金宗直, 1431~1492)의 곧은 정신과

임진왜란 때 분연히 일어섰던 의병장들은 그 일부에 지나지 않는다.

중봉(重峯) 조헌(趙憲, 1544~1592)
홍의 장군 곽재우(郭再祐, 1552~1617)

그런데 그 곧음, 그 의기, 그 떳떳함이 지금은 다 어디로 간 것일까?

실종 신고
'곧음'을 찾습니다.

곧음아~ 의기야~

논어의 세계 _ 135

清貧樂道 _ 청빈낙도

옳지 않은 부를 부끄러이 여기고, 떳떳한 가난 속에서 즐거움을 찾는다

사람의 마음안에서는 욕심과 양심이 서로 다툰다.
공자는 사욕을 이기고 양심을 바로세우는 그것에서 참다운 즐거움을
찾을 수 있다고 가르친다.

어느 대형 서점에서 한 부인이 책을 고르고 있었다.

조금 뒤에 서점의 직원이 그녀에게 다가갔다.
저…

부인, 품 안에 숨긴 게 무엇입니까?

이렇게 되어 얼굴이 빨개진 부인은
저…, 실은…

품 안에서 훔쳐가려던 책을 꺼내 놓게 되었는데
죄송합니다.
정말 죄송합니다.

그 책의 제목이 《무소유》였다고 한다.

이 이야기에서 우리는 재미있는 현상을 발견할 수 있다.

즉, 그 부인은 '무소유'를 '소유'하려는 역설을 보여 준 것이다.
이런 기이한 모순이?

* 알인욕존천리(遏人欲存天理): 사람의 욕심을 막아 하늘의 이치를 보존한다.

尙古正名 _ 상고정명

옛것을 숭상하고, 이름을 바로잡는다

난세의 질서를 바로잡기 위해서는 옛 성왕들의 시대에
그랬듯이 각 계급이 자기의 분수를 잘 지켜야 한다고
공자는 생각하였다.

세상에는 가난한 사람도 있고

부유한 사람도 있다.

그런데 가난한 사람의 마음은 부자를 보면 쉽게 앵돌아지고

치! 지가 가졌으면 얼마나 가졌다고!

부유한 마음은 가난한 사람에 대해 교만해지기 쉽다

하여간 없이 사는 것들이란….

이 경우 두 사람이 충돌한다면 잘못은 부자 쪽에 있다고 공자는 생각한 것 같다.

가난하면서 원망하지 않기는 어렵고

부유하면서 교만하지 않기는 쉽다.*

* 빈이무원(貧而無怨)은 난(難)이나, 부이불교(富而不驕)는 이(易)니라.

공자는 비록 청빈을 예찬하기는 하였지만

어질구나, 회(回)여!

밥 한 그릇 물 한 바가지*로 뒷골목에 살면서도 흔연히 즐거움을 누리고 있으니!

* 일단사일표음(一簞食一瓢飮)

미래에 대한 비전을 과거의 모델에서 찾았다는 점에서
상고주의자(尙古主義者)라고 할 수 있다.

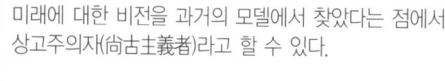

요임금은 위대하시도다!

높고도 높구나!
오직 그분만이 하늘을 본받았으니,
그 덕이 넓고 넓어
백성들이 무어라 칭송할 말이 없었다!

높고도 높구나! 순임금과 우임금이
천하를 다스림이여!
자신을 임금이라고 여기지 않았도다!

높고도 높구나! 그 공적을 이룸이여!
그 빛나는 문화여!

이렇듯 공자는 지금의 우리에게
있어서 인류의 4대 스승 격인
옛 성왕들을 존경하고 찬탄하며

그로부터 정치의 바른 길을 찾았다.

공자는 말한다.

옛 것을 깊이 연구하여
새 것을 알아 낼 수 있으면
남의 스승이 될 수 있느니라.

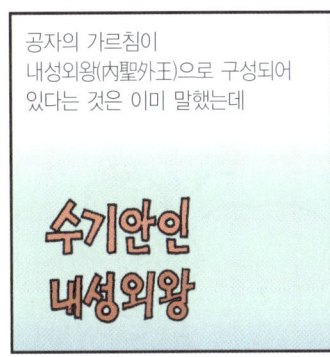

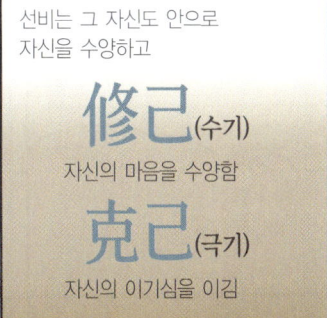
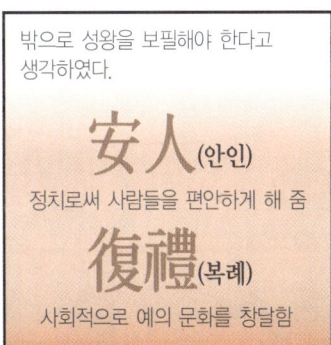
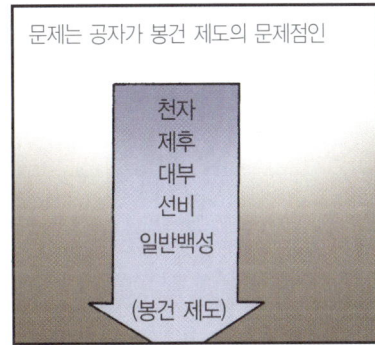

* 필야정명호(必也正名乎)!

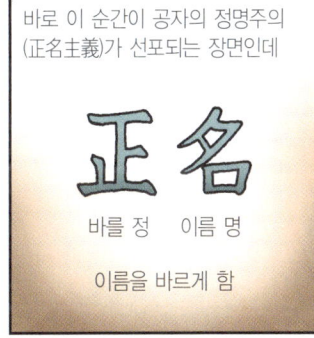
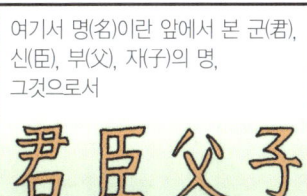
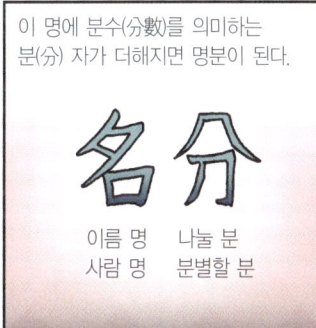

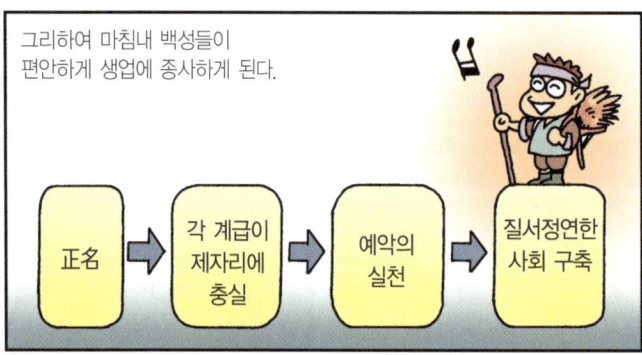
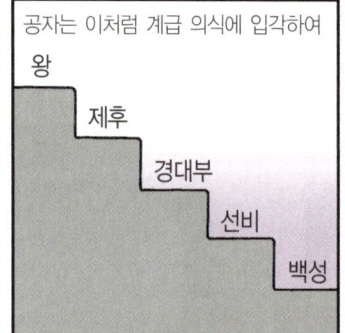

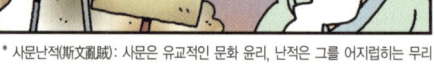
* 사문난적(斯文亂賊): 사문은 유교적인 문화 윤리, 난적은 그를 어지럽히는 무리

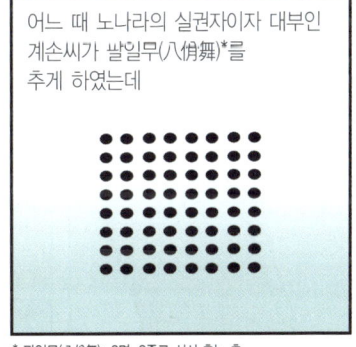

* 팔일무(八佾舞): 8명, 8줄로 서서 추는 춤

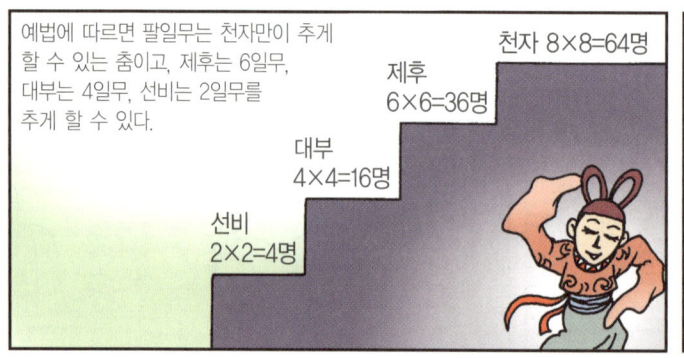

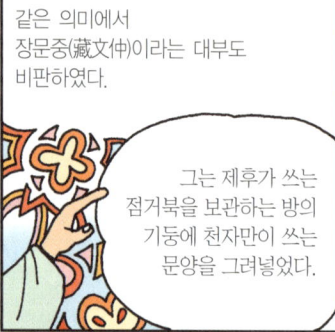

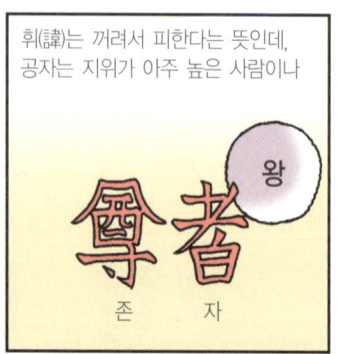

敬事富民 _ 경사부민

맡은 직책에 충실함으로써 널리 백성에게 은택을 끼친다

선비는 벼슬자리에 나가면 위로 군주를 보필하고
아래로 백성을 풍족하게 한다.
그 길이 비록 어렵지만 꼿꼿하고 신실하게 임해야 한다.

* 족식족병(足食足兵)이면 민(民)이 신지의(信之矣)니라.

* 정치란 바로잡는 것이다.

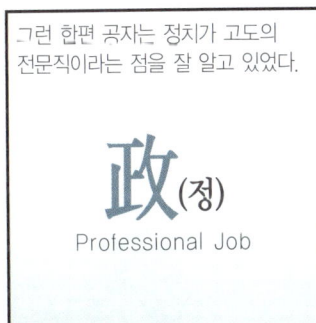

* 민(民)은 가사유지(可使由之)요, 불가사지지(不可使知之)니라.

孝悌一家 _ 효제일가

효도와 공손함으로써 질서정연한 국가를 이룬다

국가를 가정의 확대판으로 여긴 공자는
먼저 가정에서의 효도와 친애가 바로 서야만
국가의 안정과 번영이 이루어진다고 보았다.

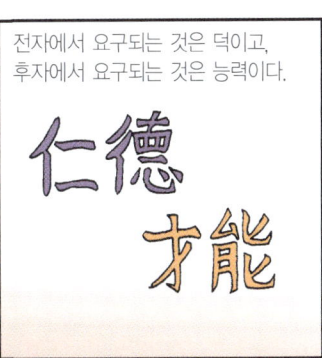

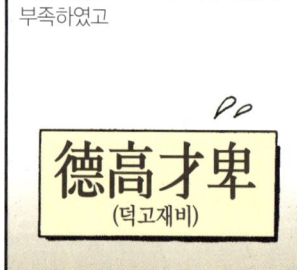

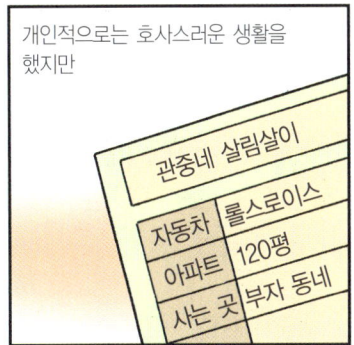

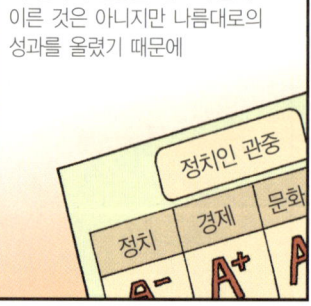

그런 한편 공자는 관중의 법치주의에서 더 나아간 덕치를,

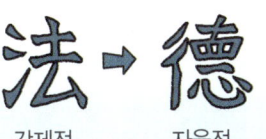

그 덕치를 통한 따뜻하고 호혜적이며 문화적인 사회를 꿈꾸었다.

그렇다면 그런 사회는 어떻게 가능할까?

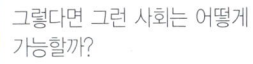

그 방법이 수기치인(修己治人), 내성외왕(內聖外王)임은 이미 말한 바 있는데

그것은 또한 국가가 하나의 가정처럼 되는 것이라고 공자는 생각하였다.

왜 나라를 그냥 국(國)이라고 하지 않고 국가(國家)라고 하는 것일까?

여기에는 나라 또한 하나의 집안과 같아서

임금은 나라의 아버지이고 왕비는 나라의 어머니이며

 아버지(국부)

 어머니(국모)

백성은 자녀에 해당된다는 생각이 깔려 있다.

이러한 인식이 봉건주의 사고와 결합하면?

집안에서의 효도와 임금에 대한 충성의 성격이 같아지게 되죠.

克己復禮 _ 극기복례
자기의 욕심을 이겨 예로 돌아가라

공자는 외부로부터 강제되는 법치(法治)보다는
내면에서 우러나오는 예치(禮治)를 이상적인 정치 형태로 보았다.

이스라엘 인들은 유대교와 기독교를 낳고

인도인들은 힌두교와 불교를 낳지만

중국인들은 종교를 만들지 않았다.

특이한 인간들이네….

그러나 인간에게는 종교가 꼭 필요한 법이므로

우리에게도 그 대용품이 있었다해.

그게 뭔데?

禮!

오~예!

나중에 중국인들은 도교(道敎)라는 종교를 만들게 되지만

그 이전까지, 또 그 후대까지도 중국인들에게 있어서는 '예(禮)'가 종교적 역할을 하였다.

그렇다면 예란 무엇인가?

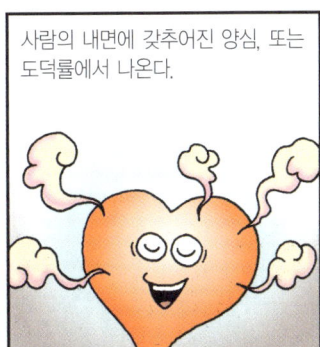

그러다 보니 본래는 양심의 고결한 소리를 나타내던 예가

마음속의 이기심을 감추는 거짓된 것으로 변질되고 말았다.

예를 들어 남의 평판을 의식하여 과도하게 부모의 초상을 치르는 일이 많았고,

이런 식으로 예는 보이지 않는 또 하나의 법(강제 규정)으로서

사람들을 옭아매는 거추장스러운 것이 되었다

이런 정황 속에서 공자는 예의 본질을 깊이 연구하여

그것의 본질이 인간의 선하고 아름다운 마음가짐, 즉 인(仁)에 있음을 깨달았다.

즉, 공자는 인한 마음에서 저절로 우러나오는 예가 참다운 것이며

인한 마음이 없이 겉으로만 지키는 예는 거짓된 것이라고 생각한 것이다.

마음이 어질지 못하면 예는 차려 무엇 한단 말이냐?

어느 때 제자 임방이 예의 근본을 물었다.

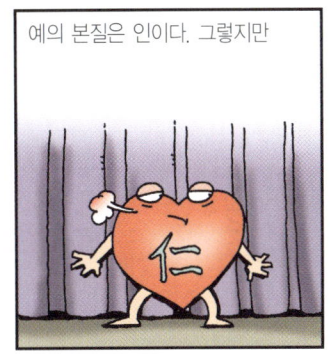

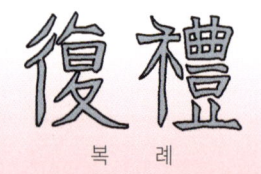

樂藝文彬 _ 악예문빈

예술과 문화로 빛나는 아름다운 사회를 꿈꾼다

공자는 안으로 인의도덕을 수양하여
밖으로는 그것이 문화적인 아름다움·멋·즐거움·흥겨움으로
발현되는 사람을 훌륭한 사람이라고 생각하였다.

고대 중국에서 예(禮)는 악(樂)과 더불어 예악(禮樂)으로 불리면서

주로 왕과 귀족에 의해 존중되었는데

하나라에는 하의 예악이 있었고

은나라에는 은의 예악이

주나라에는 주의 예악이 있었다.

공자는 주공에 의해 노나라에 전해진 예악을 연구하였는데

주례! / 나?

수직적인 신분 사회였던 고대 중국에서는 예악에도 상하의 구별이 엄격하였다.

당연하지! 냉수도 위아래가 있는 법인데…

예를 들어 천자는 팔일무*를 춤추게 할 수 있었고

팔일무! 64명이 추는 춤!

8×8=64

*팔일무(八佾舞): 8×8=64명이 추는 춤

그 때의 감동이 얼마나 컸던지

그 뒤로 석 달 간이나 고기 맛을 느끼지 못했을 정도로 공자의 문화적 감수성은 대단했던 것이다.

공자는 노래를 잘 하는 사람이 있으면 한 번 더 노래를 시켰고

반드시 자기도 그에 화답하여 노래를 불렀다.

또한 어느 때 말하였다.

악사 지가 처음 노나라에 와서 음악을 연주하였는데…

그 때 그가 연주하던 '관저'의 마지막 장이 아직까지 내 귀에 아름답게 가득 차 있도다!

또 노나라의 음악 담당자였던 태사에게 말하였다.

음악은 처음에는 종을 크게 울리고…

다음에는 합주가 은은하게 흐르며…

儒士君子 _ 유사군자

몸가짐을 바르게 하여 군자의 도를 이룬다

《논어》에는 이상적인 인격자로서 군자를 제시하는 한편,
그 상대편에 소인을 두어 경계로 삼는 구절이 많다.

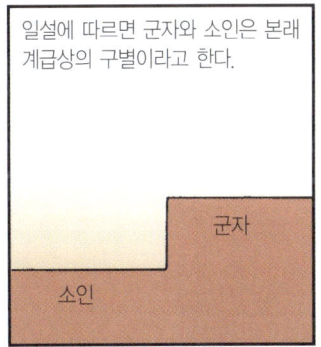

*군자(君子)는 태이불교(泰而不驕)하고, 소인(小人)은 교이불태(驕而不泰)니라.

*군자(君子)는 상달(上達)하고, 소인(小人)은 하달(下達)하느니라.

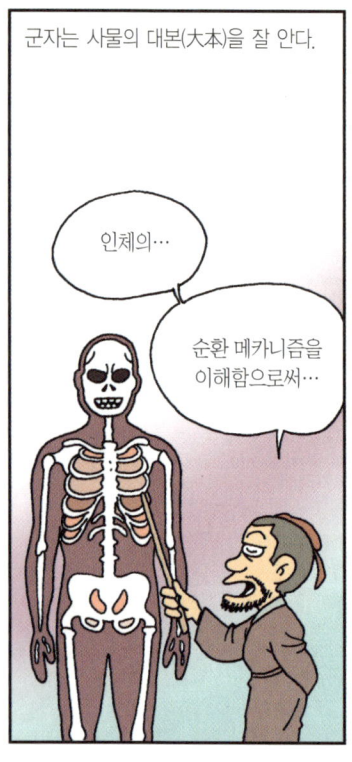

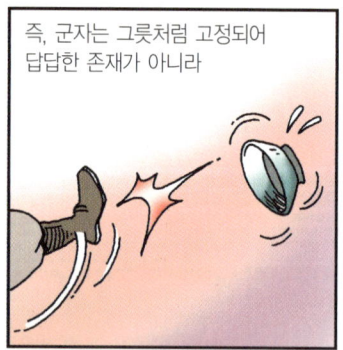

厚德仁人 _ 후덕인인

덕을 두터이 쌓아 인(仁)의 경지에 이른다

공자 사상의 중심 개념인 인(仁)에 대해 공자는 다양하게 외각에서만 설명할 뿐, "이것이 인이다."라고 할 만한 결정적인 규정은 하지 않았다.

공자 철학은

孔道(공도)
儒道(유도)

한편으로는 개인적인 인격 수양의 길을

修身齊家 (수신제가)

다른 한편으로는 사회·정치적인 길을 제시한다.

治國平天下 (치국평천하)

이 때 그 순서는 반드시 개인의 수양이 먼저이고

修己(수기)
內聖(내성)

사회에 참여하는 것은 그 다음이 되어야 한다.

治人(치인)
外王(외왕)

그런데 자기 수양이 되어 있는 사람은 자연히 가혹한 법보다는

法(법)=刑(형)=罰(벌)

인간은 이기주의자라는 것을 전제

덕으로써 남과 사회에 접근하게 된다.

德(덕)=行(행)=化(화)

인간은 양심을 가진 존재라는 것을 전제

덕은 흔히 도(道)라는 말과 결합하여 도덕이라고도 불리는데

道德(도덕)

그렇다면 덕이란 무엇인가?

What is the 德?

덕은 선한 마음 그 자체를 가리키기도 하고

선한 마음이 남에게 이익되는 행위로 나타날 때의 그 행위나 효과를 가리키기도 한다.

이 때 주는 자의 덕은 받는 자에게는 은혜가 되는데

진정한 덕인(德人)은 자기의 덕을 자랑하거나 뽐내지 않는다.

그렇다면, 남에게 덕을 베푸는 자가 행복할까?

그 덕을 입는 자가 행복할까?

예를 들어 이웃이 끼니를 굶고 있는 것을 보고

내가 그에게 식사를 대접한다고 할 때

내가 행복할까, 이웃 사람이 행복할까?

두말할 것 없이 그 경우 두 사람이 모두 행복할 것이니

이처럼 덕은 나와 남을 모두 행복하게 하는 것이므로

厚德互惠
(후덕호혜)

공자는 덕을 자주 예찬하곤 했던 것이다.

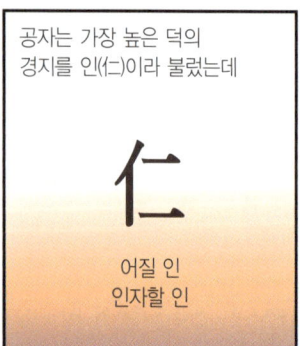

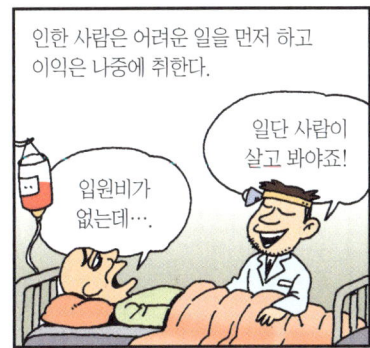

여기에서 지금도 널리 쓰이고 있는 '살신성인' 이라는 말이 나왔다.

殺身成仁
(살신성인)

공자에 의하면 인은 굳세고 떳떳하고 질박하고 어눌한 것이고

강의목눌(剛毅木訥)은 근인(近仁)이니라.

또한 널리 사람을 사랑하는 것이다.

인이란 애인(愛人)이니라.

그런 애인 말고!
자기야 ♥ 우리가 仁이래!

그런데 이토록 어렵고도 어려운 인을 이룬 사람이 공자 당시에도 있긴 있었으니

도대체 누가?

공자의 수제자였던 안회가 바로 그이다.

어느 때 공자는 말하였다.

안회는 석 달 동안 인에 머문다.

仁

그에 비할 때 다른 제자들은 하루 또는 한 달 정도만 인에 머물 뿐이다.

에취! 이거 장난 아니네!
화

어느 때 공자는 이렇게 말한 적이 있는데

인하지 못하면 궁핍함을 오래 견디지 못하고…

즐거움도 오래 누리지 못한다.

이로써 볼 때 안회는 궁핍하면서도 도를 즐겼으므로

저 형편에 뭐가 저리 즐거울까?

논어의 세계 _ 201

공자가 안회의 그런 내면적 평화의 경지를 인정해 주었음을 알 수 있다.

안회는 도를 거의 깨달았다.
그러나 쌀독에 쌀이 떨어지고,
부엌에 땔나무가 떨어지는 때가 있었다.
그러나 그는 도를 닦는 즐거움을 고치지 않으니,
어질구나, 회여!

5시간째 저러고 있네.

춥고 배고파서 실성한 거 아냐?

어느 때 안회가 공자에게 물었다.

스승님, 인이란 무엇입니까?

자기를 이겨 예로 돌아가는 것이다.

만약 그렇게 한다면 천하가 그 사람에게 돌아갈 것이니…

인해지는 그것이 자기에게서 시작되는 것일 뿐 남에게서 시작되는 것이 아니다.

제가 비록 불민합니다만, 기꺼이 그 말씀을 실천해 보겠습니다.

또한 같은 의미에서 공자는 말하였다.

인이 멀리 있는 것이 아니다! 내가 인을 간절하게 원하면…

인이 스스로 내 앞으로 온다!

스르르..

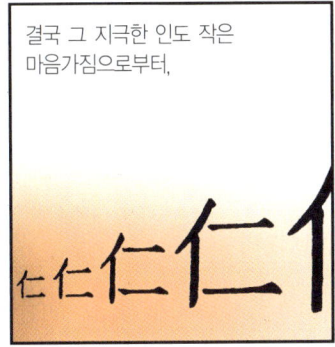

*아성 : 성인 다음가는 경지라는 뜻

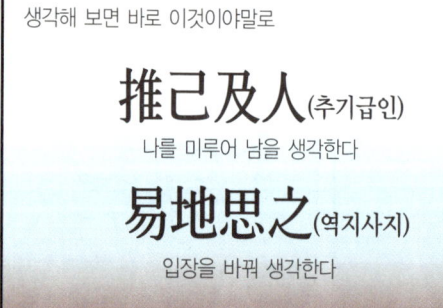

至道中庸 _ 지도중용

이상과 현실을 조화하여 최고의 경지에 이른다

흑과 백처럼 상반되어 보이는 두 덕목이 중용에 이르러서는
각각의 장점만으로 조화, 통합된다.
중용은 《논어》가 제시하는 최고의 경지이다.

어느 때 사람을 평가하기를 좋아하는 자공이 공자에게 다가왔다.
스승님!

사(자장)와 상(자하) 가운데 누가 더 어집니까?

사는 지나치고, 상은 미치지 못한다.

그렇다면 사가 상보다 나은가요?

아니다. 지나친 것은 미치지 못하는 것과 같다.

여기에서 '과유불급'이라는 말이 나왔다.

過猶不及

지나칠 과, 같을 유, 아니 불, 미칠 급

과유불급을 요즘말로 하면 '적당하다.'가 되는데
적당해!

오늘날 '적당하다.'는 말은 '대충대충 하다'는 의미로 더 많이 쓰이지만
적당히 하자고!
한 번 더 칠해야 되는데…

본래 이 말은 '어떤 성질·상태가 요구되는 바에 꼭 알맞다.'는 뜻이다.

適當 = 合當 = 알맞음
(적당)   (합당)

논어의 세계 _ 205

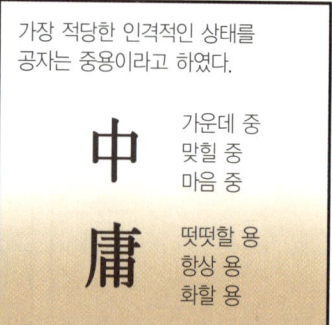

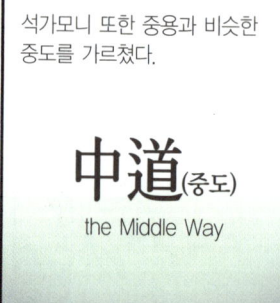

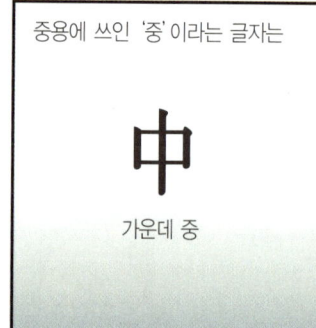
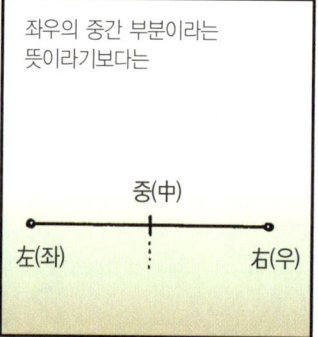
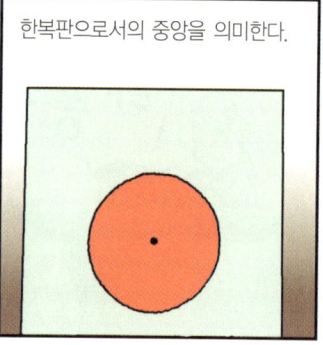

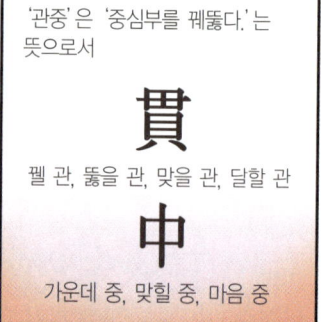

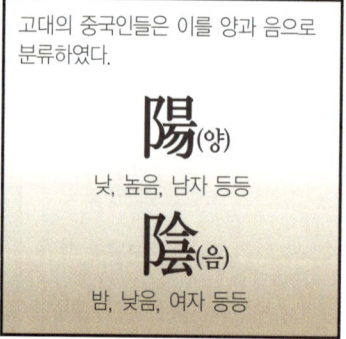

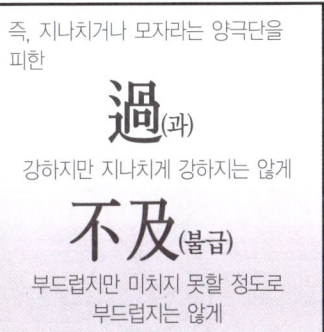

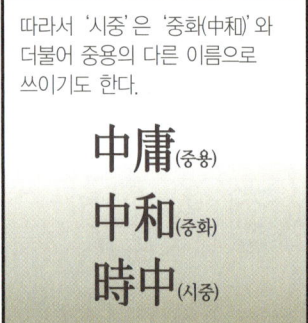

師表聖人 _ 사표성인

고결한 인격과 깊은 식견을 갖춘, 공자는 인류 만대의 스승이었다

공자의 인격은 크고, 높고, 거룩하고, 심오했다.
그 숭고한 인간성은 2500년이 지난 지금까지도 빛을 발하고 있다.

쇠락한 귀족 가문에서 태어나

단번에 도약하기보다는 차근차근 길을 밟아

한편으로는 식견을 넓히고

다른 한편으로는 몸과 마음을 수양한 공자는

작은 실개천이 수많은 굽이를 돌고 돌아 강에 이르고

또 그 강물이 흐르고 흘러

마침내 대해(大海)를 이루듯이

나이 70에 이르러 전무후무한 큰 인물이 되었다.

이것은 공자가 삶의 한가운데에 뛰어들어

발분망식(發憤忘食)하고
낙이망우(樂而忘憂)하며
부지노지장지운이(不知老之將至云爾)오!

분발하면 밥 먹는 것을 잊고,
그 즐거움에 걱정을 잊기 때문에,
장차 늙음이 다가오는데도
그것을 모르는 사람!

온몸으로 인생을 살았다는 것을 보여 준다.

치열하게!

정진! 또 정진!

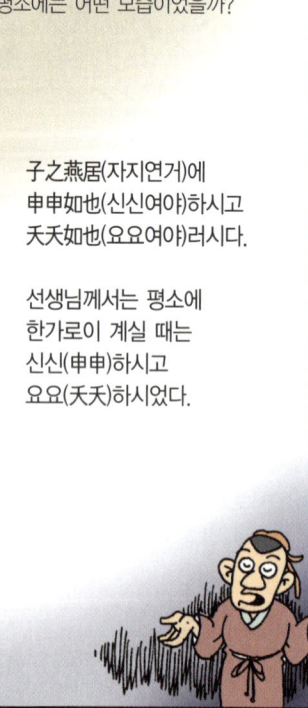

평소에는 어떤 모습이었을까?

子之燕居(자지연거)에
申申如也(신신여야)하시고
夭夭如也(요요여야)러시다.

선생님께서는 평소에
한가로이 계실 때는
신신(申申)하시고
요요(夭夭)하시었다.

그 결과 대지식인이자 대인격자가 된 이 현자는

또한 제자 유약은 말했다.

기린은 달리는 짐승 중 으뜸이고, 봉황은 나는 새 중 으뜸이며

태산은 수많은 산 중에 으뜸이고

바다는 모든 물 중의 으뜸이며

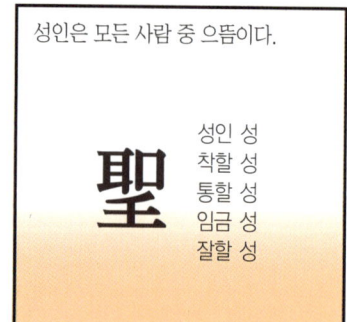

성인은 모든 사람 중 으뜸이다.

聖 성인 성
착할 성
통할 성
임금 성
잘할 성

그리고 또한 우리 스승님이 그런 성인이시니, 인류가 있은 이래로 스승님 같은 분은 아무도 없었다.

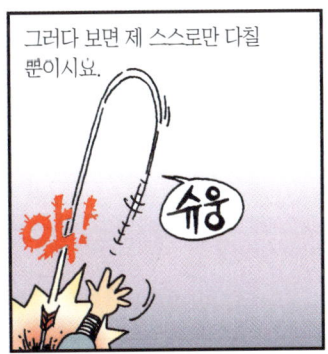

제4장

논어
원전 맛보기

《논어》는 평생을 두고 음미하고 되새겨야 할, 명언명구로 가득 찬 동양 최고의 지혜서이다. 따라서 지금까지의 이해를 바탕으로 그 원전을 간략하게 훑어보기로 하자.

《논어》 원전 맛보기

《논어》는 평생을 두고 음미하고 되새겨야 할, 명언명구로 가득 찬 동양 최고의 지혜서이다. 따라서 《논어》 가운데 널리 알려졌거나 깊이 탐구해 볼 필요가 있는 것, 그리고 공자 사상을 이해하는 데 반드시 필요한 구절들을 골라 읽어 보기로 한다. 외워 두면 좋다고 생각되는 짧은 구절은 우리말 풀이와 함께 원문을 표기했고, 길어서 외우기에 어렵다고 느껴지는 구절은 우리말 풀이만을, 각 구절마다 내용을 요약하는 제목을 붙여 보았다. 각 구절의 뒤에 이 책의 본문 어디에 그 구절이 나오는지 밝혔고, 앞에는 원전의 편(篇)과 장(章)을 표기하여 원전과 대조하여 읽을 수 있도록 했는데, 숫자로 표기된 《논어》의 각 편명(篇名)은 다음과 같다.

1. 학이 (學而)	8. 태백 (泰伯)	15. 위령공(衛靈公)
2. 위정 (爲政)	9. 자한 (子罕)	16. 계씨 (季氏)
3. 팔일 (八佾)	10. 향당 (鄕黨)	17. 양화 (陽貨)
4. 이인 (里仁)	11. 선진 (先進)	18. 미자 (微子)
5. 공야장(公冶長)	12. 안연 (顔淵)	19. 자장 (子張)
6. 옹야 (雍也)	13. 자로 (子路)	20. 요왈 (堯曰)
7. 술이 (述而)	14. 헌문 (憲問)	

배우고 때로 익히니 또한 기쁘지 아니한가!

1-1 자왈, 학이시습지하니 불역열호아! 유붕이 자원방래하니 불역낙호아! 인부지이불온하니 불역군자호아(子曰 學而時習之 不亦說乎 有朋 自遠方來 不亦樂乎 人不知而不慍 不亦君子乎)! 선생님께서 말씀하셨다. "배우고 때로 익히니 또한 기쁘지 아니한가! 벗이 먼 곳에서 찾아오니 또한 즐겁지 아니한가! 남이 알아주지 않아도 언짢아하지 않으니 또한 군자가 아닌가!" (41, 104, 108, 189, 217쪽)

교묘하게 꾸미는 말은 미덥지 못하다

1-3 자왈, 교언영색은 선의인이니라(子曰 巧言令色 鮮矣仁). 선생님께서 말씀하셨다. "교묘한 말과 잘 꾸민 얼굴빛에는 인(仁)이 드물다." (122쪽)

일일삼성(一日三省)
1-4 증자(증삼)가 말하였다. "나는 하루에 세 가지로 나를 되돌아본다. 남을 위해 일을 하면서 충실하게 했는가? 친구와 사귐에 있어 믿음직하게 행동했는가? 잘 익히지 못한 것을 가르치지 않았는가?"

허물 고치기를 꺼리지 말라
1-8 선생님께서 말씀하셨다. "군자는 행동이 무겁지 못하면 위엄이 없는 것이니, 그렇지 않으면 배웠어도 견고하지 못할 것이다. 충직함과 믿음을 위주로 할 것이며, 자기보다 못한 사람을 사귀지 말고, 허물이 있을 때는 고치기를 꺼려하지 말아야 한다." (109쪽)

예(禮)의 근본은 화(和)
1-12 유약(유자)이 말하였다. "예의 쓰임은 조화를 귀중하게 여긴다. 선왕의 도도 이렇게 하여 아름답게 되었다. 때문에 작고 큰 일들이 모두 이것에서 말미암았다."

정치는 덕으로써 해야 한다
2-1 선생님께서 말씀하셨다. "정치는 덕으로써 해야 한다. 그것은 마치 북극성이 제자리를 지키고 있으면 뭇별이 그를 중심으로 도는 것과 같다." (63, 145, 198쪽)

백성은 덕으로 다스려야 한다
2-3 선생님께서 말씀하셨다. "정령(政令)으로써 백성들을 이끌고 형벌을 정비함으로써 백성들을 다스리면, 백성들은 죄를 지은 다음 요행으로 형벌을 면하고서도 부끄러운 줄을 모르게 된다. 덕으로써 백성들을 이끌고 예로써 백성들을 교화하면, 부끄러움을 알아 마음을 올바르게 갖게 된다." (175, 197쪽)

공자가 걸어온 길
2-4 자왈, 오 십유오이지우학하고, 삼십이립하고, 사십이불혹하고, 오십이지천명하고, 육십이이순하고, 칠십이종심소욕이라도 불유구니라(子曰 吾 十有五而志于學 三十而立 四十而不惑 五十而知天命 六十而耳順 七十而從心所欲 不踰矩). 선생님께서 말씀하셨다. "나는 열다섯 살에 배움에 뜻을 두었고, 서른 살에 확립하였고, 마흔 살에 미혹하지 않게 되었고, 쉰 살에 천명을 알았고, 예순 살에 귀가 순해졌고(듣는 것이 귀에 거슬리지 않게 되었고), 일

흔 살에는 마음이 내키는대로 행동해도 법도에서 어긋나지 않게 되었다." (37, 39, 62, 99, 179쪽)

효자가 되려면 어버이의 자식 사랑을 헤아려 보라

2-6 맹무백이 효에 대해 여쭙자 선생님께서 말씀하셨다. "어버이는 다만 자식이 병에 걸릴까만 걱정하느니라."

진정한 효도는 공경하는 마음가짐에 있다

2-7 자유가 효에 대해 여쭙자 선생님께서 말씀하셨다. "오늘날의 효라는 것은 어버이의 몸을 잘 봉양해 드리는 것을 일컫지만 개와 말일지라도 그것은 한다. 거기에 공경함이 없다면 짐승의 효와 다를 것이 무엇이겠느냐?" (168쪽)

지자(智者)는 사람을 간파한다

2-10 선생님께서 말씀하셨다. "남을 판단할 때에는 그 하는 바를 보고, 그 비롯하는 바를 보고, 그 편안히 여기는 바를 볼 것이니, 사람이 어찌 자기를 숨기겠는가, 사람이 어찌 자기를 숨기겠는가?" (109쪽)

옛것을 잘 음미하면 새로운 앎이 생겨난다

2-11 자왈, 온고이지신이면 가이위사니라(子曰 溫故而知新 可以爲師矣). 선생님께서 말씀하셨다. "옛것을 공부하여 새로운 것을 알아 낼 수 있으면 남의 스승이 될 만하다." (144쪽)

군자는 판에 박힌 사람이 아니다

2-12 자왈, 군자는 불기이니라(子曰 君子 不器). 선생님께서 말씀하셨다. "군자는 그릇(판에 박혀 고정되어 있는 사람)이 아니다." (194쪽)

군자는 패거리를 짓지 않는다

2-14 자왈, 군자는 주이불비하고, 소인은 비이부주니라(子曰 君子 周而不比 小人 比而不周). 선생님께서 말씀하셨다. "군자는 두루 친하기는 하지만 패거리를 짓지 않고, 소인은

패거리를 짓지만 두루 친할 줄은 모른다."(189쪽)

배움과 생각함을 적절하게 조화시켜야 한다
2-15 자왈, 학이불사즉망하고, 사이불학즉태니라(子曰 學而不思則罔 思而不學則殆). 선생님께서 말씀하셨다. "배우기만 하고 생각하지 않으면 어둡고, 생각하기만 하고 배우지 않으면 위태롭다."(101쪽)

앎의 근본은 정직에 있다
2-17 선생님께서 말씀하셨다. "유(자로)야, 너에게 앎에 대해 가르쳐 주랴? 아는 것을 안다고 하고, 모르는 것을 모른다고 하는 것, 그것이 바로 아는 것이니라."

임금이 효도하면 백성이 충성한다
2-20 계강자가 물었다. "백성이 공경하고 충성하도록 하려면 어떻게 해야 합니까?" 선생님께서 말씀하셨다. "백성에게 장엄하게 상대하면 백성들이 공경하고, 내가 부모에 효하고 백성을 사랑하면 백성이 임금에게 충성하고, 능한 사람을 등용하여 능하지 못한 사람들을 가르쳐 나가면 모두들 힘껏 노력할 것입니다."(166쪽)

믿음은 사회에서 쓰이는 기초이다
2-22 선생님께서 말씀하셨다. "사람이 되어 믿음이 없다면 그를 어디에 쓸지 모르겠구나. 큰 수레에 멍에가 없고, 작은 수레에 끌채가 없다면 그것이 어떻게 앞으로 가겠느냐?"(122쪽)

위계 질서가 무너짐을 개탄하다
3-1 공자께서 계씨를 일러 말씀하셨다. "그가 팔일(八佾)을 자기 정원에서 춤추게 하니, 이런 짓을 한다면 무슨 짓인들 하지 못하겠는가?"(151쪽)

예는 검박하게, 마음속 깊이
3-4 임방이 예의 근본에 대해 여쭙자 선생님께서 말씀하셨다. "크구나, 그 물음이여! 예는 사치스럽기보다는 차라리 검박할 것이요, 상은 겉치레에 치중하기보다는 차라리 슬퍼해야 할 것이니라."(72, 77쪽)

문화가 있으면 왕이 없어도 나라가 다스려진다

3-5 선생님께서 말씀하셨다. "문화가 없는 오랑캐 땅에 임금이 있는 것이, 문화가 있는 이 땅에 임금이 없는 것만 못하다." (184쪽)

공자, 하늘을 상대하다 l

3-13 왕손가(王孫賈)가 물었다. "'안방의 아랫목 귀신에게 잘 보이기보다는 부엌 귀신에게 잘 보이는 게 차라리 낫다.'고 하니, 이것은 무엇을 말하는 것입니까?" 선생님께서 말씀하셨다. "그렇지 않소. 하늘에 죄를 지으면 빌 데가 없소이다." (49쪽)

예는 겸양이다

3-15 선생님께서 태묘(大廟 : 주공의 사당)에 들어가 매사를 물으셨는데, 어떤 사람이 그것을 보고 말하였다. "누가 추(공자가 태어난 지방 이름) 사람이 예를 안다고 하였던고? 태묘에 들어가더니 매사를 일일이 묻는구나." 스승께서 이 말을 전해 들으시고 말씀하셨다. "아는 것일지라도 하나하나 묻는 것, 이것이 예이다." (116, 174쪽)

나는 주나라의 문화를 따르겠다

3-18 선생님께서 말씀하셨다. "주나라가 하나라와 은나라 두 왕조의 예를 거울로 삼았으니, 빛나고 빛나는 문채로다! 나는 주나라의 문화를 따를 것이다."

예술이 중화(中和)를 얻을 때

3-20 자왈 관저는 낙이불음하고 애이불상이니라(子曰 關雎 樂而不淫 哀而不傷). 선생님께서 말씀하셨다. 《시(詩)》의 〈관저(關雎)〉는 즐거우면서도 음란하지 않고, 슬프지만 상심하는 지경에는 이르지 않는다."

인자안인(仁者安仁), 지자이인(知者利仁)

4-2 자왈, 불인자는 불가이구처약하고, 불가이장처락이니, 인자는 안인하고, 지자는 이인이니라(子曰 不仁者 不可以久處約 不可

以長處樂 仁者 安仁 知者 利仁). 선생님께서 말씀하셨다. "인하지 못한 사람은 오래도록 궁핍을 견디지 못하고, 즐거움 또한 오래 누리지 못한다. 인한 사람은 인에 편안하고, 지혜로운 사람은 인에서 이로움을 찾아낸다." (201쪽)

인자라야 남을 미워할 줄 안다
4-3 자왈, 유인자라야 능호인하고 능오인이니라(子曰 唯仁者 能好人 能惡人). 선생님께서 말씀하셨다. "오직 인한 사람만이 남을 좋아할 수 있고, 또 남을 미워할 수 있다."

참다운 길은 이렇듯 절실하다
4-8 자왈, 조문도면 석사라도 가의니라(子曰 朝聞道 夕死 可矣). 선생님께서 말씀하셨다. "아침에 도(道)를 들을 수 있으면 저녁에 죽는 것도 좋다."

군자회형(君子懷刑), 소인회혜(小人懷惠)
4-11 자왈, 군자는 회덕하고, 소인은 회토하며, 군자는 회형하고, 소인은 회혜니라(子曰 君子 懷德 小人 懷土 君子 懷刑 小人 懷惠). 선생님께서 말씀하셨다. "군자는 덕을 생각하고, 소인은 처지를 생각한다. 군자는 법을 생각하고, 소인은 은혜 받을 것을 생각한다." (139, 186쪽)

정치는 예로써 하는 것
4-13 선생님께서 말씀하셨다. "예에 따라 사양하는 마음으로 정치를 한다면 나라를 다스리는 데 어려울 것이 무엇이며, 예에 따라 사양하는 마음으로 다스리지 않는다면 나라를 다스리는 데 예는 있어 무엇하겠는가?" (176쪽)

공자 사상의 요약
4-15 자왈, 삼호이, 오도는 일이관지니라. 증자왈, 유라. 자출커시는 문인이 문왈, 하위야닛고? 증자 왈, 부자지도는 충서이이의니라(子曰 參乎 吾道 一以貫之 曾子曰 唯 子出 門人問曰 何謂也 曾子曰 夫子之道 忠恕而已矣). 선생님께서 말씀하셨다. "삼(증삼)아, 내 도는 하나로써 꿰뚫느니라." 증자(증삼)가 아뢰었다. "예, 그렇습니다." 선생님께서 밖으로 나가시자 다른 제자들이 물어 보았다. "그 말씀이 무슨 뜻입니까?" 증자가 말하였다. "선생님의 도는 '충(忠)'과 '서(恕)'일 뿐이오." (79쪽)

군자와 소인, 의(義)와 이(利)

4-16 자왈, 군자는 유어의하고, 소인은 유어리이니라(子曰 君子 喻於義 小人 喻於利). 선생님께서 말씀하셨다. "군자는 의에 밝고, 소인은 이에 밝다." (75, 139쪽)

부모의 뜻을 거스르지 말라

4-18 선생님께서 말씀하셨다. "부모를 모실 때는 잘못하시는 일이 있으면 은근하게 말씀드려야 한다. 내 뜻을 따르지 않으시는 것을 보게 되면, 또다시 공경하게 말씀드리되 부모님의 뜻을 거스르지 말아야 하며, 이런 과정이 아무리 힘들더라도 원망하지 않아야 한다." (168쪽)

말은 어눌하게, 행동은 민첩하게

4-22 자왈, 군자는 욕눌어언이민어행이니라(子曰 君子 欲訥於言而敏於行). 선생님께서 말씀하셨다. "군자는 말은 더디고 행동은 민첩하게 하고 싶어하느니라." (102쪽)

덕은 외롭지 않다

4-25 자왈, 덕불고니 필유인이니라(子曰 德不孤 必有隣). 선생님께서 말씀하셨다. "덕은 외롭지 않다. 반드시 이웃이 있다." (197쪽)

친구에게 자주 충고하지 말라

4-26 자유 왈, 사군삭이면 사욕의요, 붕우삭이면 사소의니라(子游曰 事君數 斯辱矣 朋友數 斯疎矣). 자유가 말하였다. "임금을 섬길 때 자주 간하면 치욕이 돌아오고, 친구를 사귈 때 자주 충고하면 서로 멀어진다."

인(仁)에 대해서는 함부로 허여할 수 없다

5-7 맹무백이 여쭈었다. "자로는 인한 사람입니까?" 선생님께서 대답하셨다. "알지 못하겠노라." 맹무백이 다시 여쭙자 선생님께서 말씀하셨다. "자로는 천승의 나라에서 병사를 다스릴 수는 있으나, 그가 인한지는 알지 못하겠노라." "구(염구)는 어떻습니까?" 선생님께서 말씀하셨다. "구는 천실의 고을과 백승의 집에서 가신으로 삼을 수는 있지만,

인한지는 알지 못하겠노라." "적(공서화)은 어떻습니까?" 선생님께서 다시 말씀하셨다. "적은 허리에 붉은 띠를 매고 조정에 서서 외국의 빈객을 접대하는 일은 할 수 있지만, 그가 어진지는 알지 못하겠노라."

배운 것을 반드시 실천하다

5-13 자로는 좋은 말을 듣고 능히 행하지 못하였는데 또 다시 새로이 좋은 가르침을 들을까 두려워하였다.

지나치게 생각하는 것은 도리어 좋지 못하다

5-19 계문자(季文子)가 세 번 생각한 뒤에 떠났다. 선생님께서 그 소식을 듣고 말씀하셨다. "두 번만 생각해도 괜찮았을 것이다." (103쪽)

남달리 배우기를 좋아한 공자

5-27 선생님께서 말씀하셨다. "10실(室)의 마을에 충신(忠信)하기가 나(丘: 공자의 이름) 같은 사람은 반드시 있으려니와, 나처럼 배우기를 좋아하는 사람은 없을 것이다." (101쪽)

가난 속에서도 즐거운 경지

6-9 자왈, 현재라, 회야여! 일단사일표음으로 재누항을 인불감기우어늘, 회야는 불개기락하니, 현재라, 회야여(子曰 賢哉 回也 一簞食一瓢飮 在陋巷 人不堪其憂 回也 不改其樂 賢哉 回也)! 선생님께서 말씀하셨다. "어질구나, 회(안회)여! 한 그릇 밥과 한 바가지 물로 누추한 곳에 살면 남들은 그 걱정을 견디지 못하거늘 회는 그 즐거움을 고치지 않으니, 어질구나, 회여!" (142쪽)

마음에 선을 그으면 더 나아가지 못한다

6-10 염구가 말하였다. "선생님의 도를 기뻐하지 않는 것은 아닙니다만 따라가기엔 제 힘이 부족합니다." 선생님께서 말씀하셨다. "힘이 부족한 사람은 차라리 중도에서 그만둔다. 그러나 지금 너는 스스로 선을 긋고 더 나아가려고 하지 않는구나."

겉과 안이 모두 갖추어져야 문화인이다

6-16 자왈, 질승문즉야, 문승질즉사니, 문질이 빈빈연후에 군자니라(子曰 質勝文則野 文勝質則史 文質 彬彬然後 君子). 선생님께서 말씀하셨다. "바탕(質)이 겉꾸밈(文: 문화적인 수식)을 이기면(앞서 나가 지나치면) 조야해지고, 겉꾸밈이 바탕을 이기면 너저분해진다. 바탕과 겉꾸밈이 서로 잘 어울려야 군자라고 할 수 있다."

삶을 즐기는 자가 가장 뛰어나다

6-18 자왈, 지지자 불여호지자요, 호지자 불여락지자니라(子曰 知之者 不如好之者 好之者 不如樂之者). 선생님께서 말씀하셨다. "아는 것은 좋아하는 것만 못하고, 좋아하는 것은 즐기는 것만 못하다."

귀신은 공경하되 멀리하라

6-20 번지가 앎(知)에 대해 여쭙자 선생님께서 말씀하셨다. "사람들이 옳다고 여기는 일에 힘쓰고, 귀신을 공경하되 적당히 멀리한다면 그것을 앎이라고 할 수 있다." 인(仁)에 대해 여쭙자 선생님께서 말씀하셨다. "인한 사람은 어려운 일을 먼저 하고, 이익은 나중에 취한다. 이렇게 하면 인하다고 할 수 있다."

요산요수(樂山樂水)

6-21 자왈, 지자는 요수하고, 인자는 요산하며, 지자는 동하고, 인자는 정하며, 지자는 낙하고, 인자는 수니라(子曰 知者樂水 仁者樂山 知者動 仁者靜 知者樂 仁者壽). 선생님께서 말씀하셨다. "지혜로운 사람은 물을 좋아하고, 인한 사람은 산을 좋아하며, 지혜로운 사람은 움직이고, 인한 사람은 고요하며, 지혜로운 사람은 즐기고, 인한 사람은 오래 산다."

공자도 변명할 때가 있었다

6-26 선생님께서 남자(南子 : 위령공의 부인)를 만나 보고 오시자 자로가 기뻐하지 않았다. 선생님께서 자로 앞에서 맹세하며 말씀하셨다. "맹세코 내가 예에 합당하지 않은 행동을 했다면 하늘이 나를 버리시리라, 하늘이 나를 버리시리라!" (50쪽)

중용(中庸)의 덕은 지극하다

6-27 선생님께서 말씀하셨다. "중용의 덕이 지극하구나! 중용의 덕을 지닌 사람이 드물어진 지 오래되었다."

겸양하는 공자 1

7-2 자왈, 묵이지지하고 학이불염하며 회인불권이 하유어아재오(子曰 默而識之 學而不厭 誨人不倦 何有於我哉)? 선생님께서 말씀하셨다. "잠잠히 마음속으로 새기는 한편, 배우는 것을 싫어하지 않고, 가르치는 데 게으르지 않는 것, 이것이 어찌 나에게 있겠는가?"

공자의 일상 생활은 넉넉하고 즐거웠다

7-4 자지연거에 신신여야하시고, 요요여야러시다(子之燕居 申申如也 夭夭如也). 선생님께서 한가롭게 계실 때는 얼굴을 펴고 즐거운 표정을 지으셨다.

공자가 꿈에도 그리워한 사람은 주공(周公)이었다

7-5 선생님께서 말씀하셨다. "심하구나, 나의 쇠약해짐이여! 오래되었구나, 내가 꿈에 주공을 뵙지 못한 것이!" (32쪽)

도덕인예(道德仁藝)

7-6 자왈, 지어도하고, 거어덕하며, 의어인하고, 유어예니라(子曰 志於道 據於德 依於仁 遊於藝). 선생님께서 말씀하셨다. "도에 뜻을 두고, 덕에 의거하며, 인에 의지하고, 예에 노니느니라."
(60쪽)

나아갈 때 나아가고, 돌아올 때 돌아온다

7-10 선생님께서 안회에게 말씀하셨다. "쓰이면 나아가 벼슬 살고, 버려지면 돌아와 숨는 일은 너와 나만이 할 수 있을 것이다." 자로가 사뢰었다. "선생님께서 삼군을 거느리고 전쟁에 나가신다면 누구를 데리고 가시겠습니까?" 선생님께서 말씀하셨다. "맨손으로 호랑이를 잡거나 맨몸으로 황하를 건너면서, 죽어도 후회하지 않는 사람과 나는 함께 가지 않을 것이다. 일을 당하여 조심스럽고 세심하게 계획 짜기를 좋아하여 반드시 계획대로 이루는 사람과 나는 함께 갈 것이다."

성인의 즐거움

7-15 자왈, 반소사음수하고 곡굉이침지라도 낙역재기중의니, 불의이부차귀는 어아에 여부운이니라(子曰 飯疏食飮水 曲肱而枕之 樂亦在其中矣 不義而富且貴 於我 如浮雲). 선생님께서 말씀하셨다. "거친 밥에 맹물을 마시고 팔을 베고 누워도 즐거움이 그 가운데 있으니, 옳지 못한 부귀는 나에 있어서 뜬구름 같다." (141쪽)

뛰어난 문화적 센스를 지녔던 인물, 공자

7-13 선생님께서 제나라에 계실 때 순임금의 음악인 〈소(韶)〉를 들으시고 너무나 감동하여 석 달 동안 고기맛을 모르셨다. 그리고 말씀하셨다. "음악의 경지가 여기에 이를 수 있을 줄은 내가 일찍이 짐작하지 못하였다."

분발하면 먹는 것을 잊고, 즐거움에 걱정을 잊는다

7-18 섭공(葉公)이 자로에게 공자가 어떤 분이냐고 물었는데 자로가 대답하지 못하였다. 선생님께서 말씀하셨다. "너는 왜 이렇게 말하지 않았느냐? '우리 선생님은 사람됨이, 분발하면 먹는 것을 잊고, 삶의 즐거움에 모든 걱정을 다 잊어서, 장차 늙음이 다가오는데도 그것을 모르십니다.' 라고." (218쪽)

나는 천재가 아니라 노력형의 사람이다

7-19 선생님께서 말씀하셨다. "나는 태어나면서부터 아는 사람이 아니다. 다만 옛것을 좋아하여 부지런히 그것을 찾는 사람이었을 뿐이다." (100쪽)

세 사람 중 한 사람은 나의 스승이다

7-21 자왈, 삼인행에 필유아사언이니, 택기선자이종지하고, 기불선자이개지니라(子曰 三人行 必有我師焉 擇其善者而從之 其不善者而改之). 선생님께서 말씀하셨다. "세 사람이 길을 가면 반드시 그 가운데 선생님으로 모실 만한 이가 있는 법이다. 그 가운데 착한 것을 보면 그를 따를 일이요, 착하지 못한 것을 보면 그를 보아 나를 고쳐야 하느니라." (117쪽)

성자의 생활에는 숨길 것이 없다

7-23 선생님께서 말씀하셨다. "너희들은 내가 무언가를 숨긴다고 여기느냐? 나는 너희에게 숨긴 것이 없다. 내가 뭔가를 하면서 너희와 함께하지 않은 것이 없었으니, 이것이 바로 나이다."

잘못을 지적해 주자 기뻐하는 사람, 공자

7-30 진사패(陳司敗)가 물었다. "소공(召公)은 예를 알았습니까?" 공자가 말씀하셨다. "예를 아셨습니다." 선생님이 나가시자 사패가 무마기(巫馬期)에게 읍하고 나아가 말하였다. "나는 '군자는 파당을 짓지 않는다.'고 들었는데, 군자도 또한 파당을 짓습니까? 소공이 오나라 왕가의 여자를 취하여 아내로 삼았는데, 그녀가 자기와 같은 성씨임을 숨기기 위해 거짓으로 '오맹자(吳孟子)'라고 불렀다고 들었습니다. 이런 임금이 예를 알았다면 누가 예를 몰랐겠습니까?" 무마기가 이 말을 전하자 선생님께서 말씀하셨다. "나는 행복한 사람이구나! 나에게 잘못이 있으면 남들이 반드시 알게 되니까!" (153쪽)

겸양하는 공자 2

7-33 선생님께서 말씀하셨다. "성(聖: 거룩함)과 인(仁)이라면 내가 어찌 감당하겠느냐? 다만 성과 인의 길을 가는 데 물리지 않고, 남을 가르치는 데 게으르지 않는 것은 나도 그렇다고 말할 수 있다." 공서화(公西華)가 말하였다. "바로 그것이 저희 제자들이 따르지 못하는 점입니다." (117쪽)

군자는 넓디넓은 인격자이다

7-36 자왈, 군자는 탄탕탕이요, 소인은 장척척이니라(子曰 君子 坦蕩蕩 小人 長戚戚). 선생님께서 말씀하셨다. "군자는 탁 틔어 넓고 넓지만 소인은 하염없이 걱정만 한다."

상대되는 두 인격의 조화

7-37 자는 온이여하시고, 위이불맹하시며, 공이안이러시다(子 溫而   厲而不猛 恭而安). 선생님께서는 온화하면서도 엄숙

하셨고, 위엄이 있으면서도 사납지 않으셨으며, 공손하면서도 편안하셨다.

이 몸은 부모님으로부터 받은 것이기에
8-3 증자가 병에 들어 제자들을 불러 말하였다. "이불을 걷어 내 발을 꺼내 보고, 내 손을 꺼내 보아라. 《시》에 말하기를 '두려워하고 조심하기를 깊은 연못가에 선 듯하고, 얇은 얼음을 밟은 듯하네.' 라고 하였는데, 지금 이후로 내가 그런 걱정을 면한 것을 알겠구나, 제자들아." (118쪽)

시(詩)와 예(禮)와 악(樂)
8-8 자왈, 흥어시하고, 입어예하며, 성어악이니라(子曰 興於詩 立於 禮 成於樂). 선생님께서 말씀하셨다. "시로써 일으키고, 예로써 바로 세우며, 음악으로써 완성한다."

옛 성인에게 최상의 찬양을 바치다
8-19 선생님께서 말씀하셨다. "크도다, 요임금의 임금 되심이여! 높고 높도다! 오직 하늘만이 크시거늘 요임금만이 하늘을 본받으시니, 그 공덕이 넓고 넓어 백성들이 무어라 칭찬할 말이 없구나! 높고도 높구나, 그 공적을 이루심이여! 빛나는구나, 그 문장이 있음이여!" (61, 144쪽)

사사로움을 넘어 공공(公共)의 경지에 도달한 공자의 인격
9-4 자절사러시니, 무의 무필 무고 무아러시다(子絶四 毋意 毋必 毋固 毋我). 선생님에게는 네 가지가 끊어지셨는데, 사사로운 뜻이 없으셨고, 반드시 그렇게 하겠다는 장담이 없으셨고, 자기 주장만을 고집하여 우기는 것이 없으셨고, 이기심이 없으셨다.

위대한 사명감을 가졌던 인물, 공자
9-5 선생님께서 광(匡) 땅에서 곤란한 지경에 빠져 계셨을 때 말씀하셨다. "문왕께서 오래 전에 돌아가셨지만, 그분이 이룩해 놓은 문화가 내게 남아 있다. 하늘이 이 문화를 없애려고 하신다면 내가 이 문화를 얻지 못했을 것이다. 하늘이 나를 죽여서 이 문화를 없애려고 하지 않으시니, 광인들이 나를 어쩌겠는가?" (50쪽)

나의 스승 공자의 위대함!

9-10 안회가 감탄하여 말하였다. "선생님은 우러러볼수록 더욱 높아지고, 뚫고 들어갈수록 더욱 단단해지신다. 쳐다보면 앞에 계시더니, 어느 사이 뒤에 계신다. 선생님은 차근차근 사람을 이끄신다. 나에게 문(文)을 가르쳐 넓혀 주시고, 예(禮)를 가르쳐 간략하게 해 주신다. 배움을 그만두려고 하나 그럴 수 없는데 어느 사이 내 능력은 다해 버렸다. 높구나, 스승님의 도가 우뚝 서 있음이여! 비록 내가 그 도를 좇으려고 해도 어디서 시작해야 할지 알 수 없구나!" (220쪽)

꼭 쓰이고 싶었던 사람, 공자

9-12 자공이 말하였다. "여기에 아름다운 옥이 있다고 하면, 선생님께서는 그것을 궤짝에 넣어 감추시겠습니까, 좋은 값에 파시겠습니까?" 선생님께서 말씀하셨다. "팔아야지! 팔아야지! 그러나 나는 좋은 값으로 살 사람을 기다리겠노라.!" (86쪽)

선비의 굳센 뜻

9-25 자왈, 삼군은 가탈수야어니와 필부는 불가탈지야니라(子曰 三軍 可奪帥也 匹夫 不可奪志也). 선생님께서 말씀하셨다. "삼군의 우두머리는 사로잡을 수 있어도(수기는 빼앗을 수 있어도) 한 사나이의 뜻은 빼앗을 수 없다." (133쪽)

어려움에 처했을 때 드러나는 선비의 진면목

9-27 자왈, 세한연후에 지송백지후조야니라(子曰 歲寒然後 知松柏之後彫也). 선생님께서 말씀하셨다. "날씨가 차가워진 다음에야 소나무와 잣나무가 더디 시드는 것을 알 수 있다." (134쪽)

공자가 보여 주는 예(禮)의 모습!

10-1 공자께서 마을에 계실 때는 진지하셔서 말을 잘 못하시는 듯하셨다. 종묘와 조정에 계실 때는 분명히 말씀하긴 하셨으나 삼가셨다.

공자가 보여 주는 예의 모습 2

10-2 조정에서 하대부에게 말씀하실 때는 강직하신 듯이 하셨고, 상대부에게 말씀하실 때는 기쁜 듯이 하셨다. 임금이 계시면 걸음걸이를 조심하셨으나 위엄을 잃지 않으셨다. (174쪽)

공자가 보여 주는 예의 모습 3

10-3 임금이 귀빈을 접대하라고 하면 황송하여 얼굴빛이 변하셨고, 걸음걸이를 조심하셨다. 귀빈을 접대하는 사람들과 같이 서서 읍을 하실 때는 좌우의 손을 들었는데, 옷의 앞뒤가 가지런하셨다. 종종걸음으로 나아가는 모습은 새가 날개를 펴는 듯하셨다. 손님이 물러가면 반드시 복명하여 말씀하셨다. "손님께서는 뒤를 돌아보지 않고 가셨습니다."

공자가 보여 주는 예의 모습 4

10-4 공문(公門)에 들어서실 때에는 몸을 구부린 듯이 하셨고, 자신을 받아들이지 않는 듯이 하셨다. 다닐 때는 문지방을 밟지 않으셨다. 임금이 계신 곳을 지나갈 때는 얼굴빛을 바꾸셨고, 발을 조심스레 걸으셨으며, 말은 더듬는 듯이 하셨다. 옷자락을 걷고 마루에 올라갈 때는 몸을 구부리셨고, 숨을 죽인 것이 숨을 멈추는 것처럼 하셨다. 마루에서 한 계단 내려와서는 얼굴빛을 흡족하게 하셨으며, 층계를 다 내려와서는 종종걸음으로 날개를 편 듯이 하셨고, 제자리로 돌아와서는 다시 삼가셨다. (173쪽)

공자가 보여 주는 예의 모습 5

10-5 규(圭: 공직자의 의례용 구슬)를 잡으실 때는 몸을 굽혀 규가 무거워 이기지 못하는 듯이 하셨다. 규를 잡은 두 손은 위로 읍하는 높이에 맞추셨고, 아래로는 남에게 물건을 주는 높이에 두셨다. 얼굴빛을 바꾸어 두려운 듯한 표정을 지으셨고, 발은 공손하게 발끝으로 땅을 끌 듯이 지나가셨다. 사신으로 가셨을 때 그 나라 임금에게 예물을 올릴 때는 온화한 표정을 지으셨다. 사적으로 뵐 때는 부드러운 표정을 지으셨다.

공자가 보여 주는 예의 모습 6

10-9 자리가 바르지 않으면 앉지 않으셨다. (174쪽)

공자의 십대 제자(孔門十哲)

11-2 선생님께서 말씀하셨다. "옛날 진(陳)나라와 채(蔡)나라에서 고난을 겪으며 나를 따르던 사람들이 이제는 내 문하에 있지 않구나. 덕행에는 안연(顏淵)과 민자건(閔子騫), 염백우(冉伯牛)와 중궁(仲弓)이요, 언어에는 재아(宰我)와 자공(子貢)이며, 정치에는 염유(?有)우와 계로(季路)였고, 문학에는 자유(子游)와 자하(子夏)였는데!" (66쪽)

천명 앞에서는 성인도 운다

11-9 안연이 죽자 선생님께서 목놓아 소리내어 우셨다. 따르던 사람이 여쭈었다. "선생님께서는 지금 통곡하셨습니다." 선생님께서 말씀하셨다. "그 사람을 위해 통곡하지 않으면 내가 누굴 위해 통곡하겠느냐?" (63쪽)

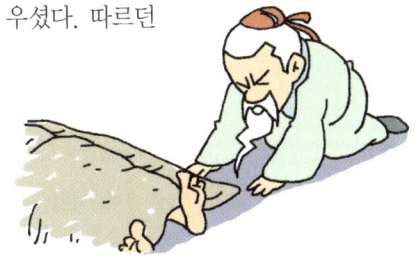

귀신보다 사람에게, 죽음보다 삶에 관심을 가져라

11-11 자로가 귀신을 어떻게 섬겨야 하는지를 여쭙자 선생님께서 말씀하셨다. "산 사람도 제대로 섬기지 못하는데 어떻게 귀신을 섬길 수 있겠느냐?" 자로가 다시 말하였다. "감히 죽음에 대해 여쭙겠습니다." 선생님께서 다시 말씀하셨다. "삶도 모르는데 어떻게 죽음을 알겠느냐?"

지나친 것은 미치지 못하는 것과 같다

11-15 자공이 여쭈었다. "사(자장)와 상(자하) 가운데 누가 더 어집니까?" 선생님께서 말씀하셨다. "사는 지나치고 상은 미치지 못한다." 자공이 다시 여쭈었다. "그렇다면 사가 상보다 나은가요?" 선생님께서 말씀하셨다. "지나친 것은 미치지 못하는 것과 같다." (205쪽)

제자를 냉정하게 평가하다

11-17 "시(고시)는 어리석고, 삼(증삼)은 노둔하며, 사(전손사)는 치우치고, 유(중유)는 거칠다."

기질에 따라 가르치다

11-21 자로(유)가 여쭈었다. "좋은 말을 들으면 곧 실천해야 합니까?" 선생님께서 말씀하셨다. "부형이 살아 계시는데 어찌 들은 대로 곧 실천할 수 있겠느냐?" 다시 염유(구)가 여쭈었다. "좋은 말을 들으면 곧 실천해야 합니까?" 선생님께서 말씀하셨다. "암, 들으면 곧바로 실천해야지." 공서화가 여쭈었다. "유가 좋은 말을 들으면 곧 실천해야 하느냐고 여쭈자 부형이 계시니 그럴 수 없다고 하시고, 구가 좋은 말을 들으면 곧 실천해야 하느냐고 여쭈자 곧 실천해야 한다고 하시니, 저는 이에 대해 의혹이 일어나 감히 묻지 않을 수 없습니다." 선생님께서 말씀하셨다. "유는 물러나는 성격이기 때문에 앞으로 밀어 나가게 하였고, 유는 나아가는 성격이기 때문에 뒤로 물러나게 한 것이니라."

자기를 이겨 예로 돌아가라

12-1 안연(안회)이 인에 대해 여쭙자 선생님께서 말씀하셨다. "자기를 이겨 예로 돌아가는 것(극기복례)이 인이다. 하루를 극기복례하면 천하가 인으로 돌아가나니, 인한 것이 자기로부터 말미암을지언정 어찌 남으로부터 말미암겠는가?" 안연이 말하였다. "청컨대 그 실천 항목을 묻습니다." 선생님께서 말씀하셨다.

"예가 아니면 보지 말고, 예가 아니면 듣지 말며, 예가 아니면 말하지 말고, 예가 아니면 움직이지 말라." 안연이 여쭈었다. "제가 비록 실천에 민첩하지는 못합니다만 이 말씀을 잘 받들도록 하겠습니다." (77, 145, 176, 202쪽)

내가 하고 싶지 않은 것을 남에게 시키지 말라

12-2 중궁이 인(仁)에 대해 여쭙자 선생님께서 말씀하셨다. "인이란 문 밖에 나섰을 때는 큰 손님을 뵌 듯이 하고, 백성을 부릴 때는 큰 제사를 받들 듯이 하며, 자기가 하고 싶지 않은 일을 남에게 시키지 않는 것이다. 이렇게 하면 나라에는 원망하는 사람이 없고, 집안에도 원망하는 사람이 없을 것이다." 중궁이 아뢰었다. "제가 비록 민첩하지는 못합니다만, 이 말씀을 정성껏 실천해 보겠습니다." (78, 199, 204쪽)

군자는 걱정하지 않고, 두려워하지 않는다

12-4 사마우가 군자에 대해 여쭙자 선생님께서 말씀하셨다. "군자는 걱정하지 않고, 두

려워하지 않는다." 사마우가 다시 여쭈었다. "걱정하지 않고 두려워하지 않으면 군자라고 할 수 있습니까?" 선생님께서 말씀하셨다. "자기 스스로 돌이켜보아 허물이 없는데 무엇을 걱정하고, 무엇을 두려워하겠느냐?" (51, 191쪽)

군대보다는 경제, 경제보다는 믿음

12-7 자공이 정치에 대해 여쭙자 선생님께서 말씀하셨다. "먹을 것(食)이 족하고, 군대(兵)가 잘 갖추어져 있으면 백성이 믿고(信) 따를 것이니라." 자공이 다시 여쭈었다. "어쩔 수 없어서 셋 중 하나를 버려야 한다면 무엇을 버려야 합니까?" 선생님께서 말씀하셨다. "군대를 버려라." 자공이 다시 여쭈었다. "어쩔 수 없어서 둘 중 하나를 버려야 한다면 무엇을 버려야 합니까?" 선생님께서 말씀하셨다. "먹을 것을 버려라. 옛날로부터 죽음은 항상 있어 왔거니와, 믿음이 없으면 나라를 세울 수가 없느니라." (155쪽)

바탕과 겉꾸밈이 조화를 이루어야 한다

12-8 극자성이 말하였다. "군자는 바탕만 충실하면 되었지 어찌 겉꾸밈(文: 겉으로 나타나는 문화적인 형식)에 연연하겠는가?" 자공이 말하였다. "아깝다, 그대의 말이여! 그대의 말이 군자답기는 하지만, 네 마리의 말이 끄는 마차라도 한번 한 말(언어)의 속도를 따라잡지는 못하는 법이다. 바탕이 겉꾸밈과 가치가 동등하고 겉꾸밈도 바탕과 가치가 동등한 법이니, 호랑이와 표범의 가죽에서 아름다운 털을 없애 버리면 개와 양의 털 없는 가죽과 같아지는 것이다." (177쪽)

군군신신부부자자(君君臣臣父父子子)

12-11 제나라 경공(齊景公)이 공자에게 정치에 대해 묻자 대답하여 말씀하셨다. "임금은 임금답고, 신하는 신하다우며, 아버지는 아버지답고, 아들은 아들다워야 합니다." 경공이 말하였다. "좋습니다. 진실로 임금이 임금답지 못하고, 신하가 신하답지 못하며, 아버지가 아버지답지 못하고, 아들이 아들답지 못하다면, 비록 곡식이 있다고 해도 제가 어떻게 그것을 얻어먹을 수 있겠습니까?" (40, 87, 148쪽)

정치는 바로잡는 것이다

12-17 계강자가 정치에 대해 여쭙자 선생님께서 말씀하셨다. "정치란 바로잡는 것이오. 그대가 앞서서 바르게 행한다면 누가 감히 바르지 않을 수 있겠소이까?"
(58, 156쪽)

지도자는 모범을 보여야 한다

12-19 계강자가 공자에게 정치에 대해 물었다. "무도한 자를 죽여 도가 있게 하면 어떻겠습니까?" 공자가 대답하여 말하였다. "정치에 어찌 죽이는 방법을 쓴단 말입니까? 그대가 먼저 착하려고 하면 백성들도 착해질 것이니, 비유하자면 군자의 덕은 바람이요, 소인의 덕은 풀이라, 풀 위에 바람이 불면 풀은 반드시 바람이 부는 방향으로 쓰러지는 법이오." (156쪽)

솔선수범하고, 근실노력하라

13-1 자로가 정치에 대해 여쭙자 선생님께서 말씀하셨다. "솔선할 것이요, 애쓸 것이니라." 더 말씀해 주시기를 청하자 대답하셨다. "게으르지 말아야 하느니라." (157쪽)

정명주의(正名主義) 선언

13-3 자로가 여쭈었다. "위나라 임금이 선생님을 기다려 정치를 하려 하니, 선생님께서는 장차 무엇을 먼저 하시겠습니까?" 선생님께서 말씀하셨다. "반드시 이름을 바로잡겠다." 자로가 말하였다. "그렇군요. 선생님은 참 융통성이 없으십니다. 어떻게 바로잡겠다는 것입니까?" 선생님께서 말씀하셨다. "답답하구나, 자로야! 군자는 자신이 알지 못하는 일에는 상관하지 않는 법이다. 명분이 바로서지 않으면 말이 세상에 통하지 않게 되고, 말이 통하지 않으면 일이 이루어지지 않는다. 일이 이루어지지 않으면 예악이 일어나지 않고, 예악이 일어나지 않으면 형벌이 정당하게 부과되지 않는다. 형벌이 제대로 부과되지 않으면 백성들이 어디에 손발을 두어야 할지 모르게 된다. 때문에 군자가 명분을 얻기 위해 반드시 말할 만해야 하고, 말할 만하게 되면 반드시 실행해야

한다. 때문에 군자는 말에 대해 구차한 것이 없는 법이다."(87, 149쪽)

화이부동(和而不同)

13-23 자왈, 군자는 화이부동하고, 소인은 동이불화니라(子曰 君子 和而不同 小人 同而不和). 선생님께서 말씀하셨다. "군자는 조화하지만 뇌동하지는 않고, 소인은 뇌동하지만 조화할 줄 모른다."(189쪽)

여론에 휩쓸려 판단하지 말라

13-24 자공이 여쭈었다. "마을 사람들이 모두 좋아하면 어떻습니까?" 선생님께서 말씀하셨다. "좋다고만 할 수 없다." 자공이 다시 여쭈었다. "마을 사람들이 모두 미워하면 어떻습니까?" 선생님께서 다시 말씀하셨다. "나쁘다고만 할 수 없다. 마을 사람들 가운데 착한 사람들이 좋아하고, 악한 사람들이 미워하는 것만은 못할 것이다."

소인은 교만하지만 당당하지 못하다

13-26 자왈, 군자는 태이불교하고, 소인은 교이불태니라(子曰 君子 泰而不驕 小人 驕而不泰). 선생님께서 말씀하셨다. "군자는 당당하지만 교만하지 않고, 소인은 교만하지만 당당하지 못하다."(187쪽)

강의목눌(剛毅木訥)

13-27 자왈, 강의목눌은 근인이니라(子曰 剛毅木訥 近仁). 선생님께서 말씀하셨다. "굳세고, 떳떳하고, 질박하고, 어눌한 행동은 인에 가깝다."(120, 201쪽)

부자의 마음과 가난한 사람의 마음

14-11 자왈, 빈이무원은 난이나, 부이불교는 이니라(子曰 貧而無怨 難 富而不驕 易). 선생님께서 말씀하셨다. "가난하면서 원망이 없기는 어렵지만 부유하면서 교만하지 않기는 쉽다."(142쪽)

이익을 보거든 의로움을 생각하라

14-13 자로가 성인(成人: 인격이 완성된 사람)에 대해 여쭙자 선생님께서 말씀하셨다. "만약 장무중의 지혜와, 맹공작의 욕심 없음과, 변장자의 용맹함과, 염구의 재주에다, 예악으로써 잘 다듬는다면 또한 성인이라고 할 것이다." 다시 말씀하셨다. "그렇지만 요즘의 성인이라면 어찌 반드시 그래야 하겠느냐? 이익을 보면 의로움을 생각하고, 위태로움을 보면 목숨을 바치며, 오랜 약속을 평생의 말로써 잊지 않는다면, 또한 성인이라고 할 수 있을 것이다."

학문은 나 자신을 위해서 하는 것이 옳다

14-25 자왈, 고지학자는 위기러니, 금지학자는 위인이로다(子曰 古之學者 爲己 今之學者 爲人). 선생님께서 말씀하셨다. "옛적의 배우는 사람은 자기를 위해 배웠는데, 오늘날 배운다는 사람은 남들을 위해 배우는구나."

겸양하는 심부름꾼이 아름답다

14-26 거백옥(遽伯玉)이 공자에게 심부름꾼을 보냈다. 공자께서 그와 함께 자리에 앉으신 뒤에 물으셨다. "그분께서는 요즘 어떻게 지내고 계시오?" 심부름꾼이 대답하였다. "저의 주인께서는 허물이 적고자 하시지만 아직 능하지는 못하십니다." 심부름꾼이 나가자 선생님께서 감탄하셨다. "훌륭한 심부름꾼이로구나! 훌륭한 심부름꾼이로구나!" (111쪽)

군자는 자기 지위를 지킨다

14-27 자왈, 부재기위하야는 불모기정이니라(子曰 不在其位 不謀其政). 선생님께서 말씀하셨다. "그 위(位)에 있지 않으면 그 정사(政事)를 꾀하지 않는다." (150쪽)

덕으로써 원한을 갚을 수는 없다

14-36 어떤 사람이 물었다. "덕으로써 원한을 갚는다면 어떻습니까?" 선생님께서 말씀하셨다. "그렇다면 덕은 무엇으로써 갚을 것인가? 원한은 곧은 행동으로써 갚고, 덕은 덕으로써 갚아야 한다."

공자, 안 되는 줄 알면서도 하려는 사람

14-40 자로가 석문(石門)에서 자고 있는데, 새벽에 문을 열어 주는 일을 하는 자가 말을 건넸다. "어디서 왔소?" 자로가 대답하였다. "공씨에게서 왔습니다." 문지기가 말하였다. "안 되는 줄 알면서도 하려는 그 사람 말이구려."

수기안인(修己安人)

14-45 자로가 군자에 대해 여쭙자 선생님께서 말씀하셨다. "군자는 경(敬)으로써 자기를 닦느니라." 자로가 말하였다. "그것뿐입니까?" 선생님께서 말씀하셨다. "자기를 닦아 남을 편안하게 하느니라." 선생님께서 다시 말씀하셨다. "자기를 닦아 백성들을 편안하게 하나니, 자기를 닦아 백성을 편안하게 하는 것은 요순께서도 그렇게 하지 못할까 걱정하셨느니라." (83, 100, 145쪽)

사람을 때리는 공자

14-46 원양(原壤)*이 마루에 걸터앉아 선생님을 기다렸는데, 선생님께서 말씀하셨다. "어려서부터 공손하지 못했고, 자라서도 칭찬할 만한 일이 없으며, 늙어서도 죽지 않는 것을 두고 적(賊)이라고 한다." 그리고 지팡이로 그의 종아리를 두드리셨다.

* 원양은 자기 어머니가 죽자 노래를 불렀다고 함.

제자가 스승의 말씀을 허리띠에 적다

15-5 자장이 행(行)에 대해 여쭙자 선생님께서 말씀하셨다. "말이 충신(忠信)하고, 행동이 독경(篤敬)하면 비록 오랑캐 나라라고 해도 도가 시행될 것이다. 그러나 말이 충신하지 못하고, 행동이 독경하지 못하면 아무리 작은 땅이라고 해도 도가 시행되겠느냐? 서 있으면 앞에 참여해 있는 듯이 보이고, 수레를 타고 있으면 수레 마대에 기댄 듯이 보인 다음에라야 시행될 수 있다." 자장이 이 말씀을 허리띠에 받아 적었다. (127쪽)

말할 때와 상대, 말하지 말아야 할 때와 상대

15-7 선생님께서 말씀하셨다. "더불어 말할 만한데 말하지 않으면 사람을 잃는 것이고, 더불어 말할 만한 상대가 아닌데, 말한다면 말을 잃는 것이다. 지혜로운 사람은 사람을

잃지도 않고, 말을 잃지도 않는다."

살신성인(殺身成仁)
15-8 선생님께서 말씀하셨다. "지사(志士)와 인인(仁人)은 자기의 목숨을 구하기 위해 인을 해치지 않고, 자기의 몸을 죽여 인을 이룬다." (82, 200쪽)

지혜로운 사람은 먼 데까지 생각한다
15-11 자왈, 인무원려면 필유근우니라(子曰 人無遠慮 必有近憂). 선생님께서 말씀하셨다. "사람이 먼 데를 생각함이 없으면 가까운 데서 근심거리가 생긴다."

덕이란 남을 책망하지 않는 것이다
15-14 자왈, 궁자후이박책어인이면 즉원원의니라(子曰 躬自厚而薄責於人 則遠怨矣). 선생님께서 말씀하셨다. 자기가 저지른 잘못을 책망하는 데는 두터이 하고, 남을 책망하는 데는 얇게 한다면 원망은 절로 멀어질 것이다." (110쪽)

군자는 내 탓, 소인은 남의 탓
15-20 자왈, 군자는 구저기요, 소인은 구저인이니라(子曰 君子 求諸己 小人 求諸人). 선생님께서 말씀하셨다. "군자는 잘못의 원인을 자기에게서 찾고, 소인은 잘못의 원인을 남에게서 찾는다." (78, 109, 187쪽)

말과 사람을 동일시하지 말라
15-22 자왈, 군자는 불이언거인하고, 불이인폐언이니라(子曰 君子 不以言擧人 不以人廢言). 선생님께서 말씀하셨다. "군자는 그 사람의 말만으로써 그를 등용(추천)하지 않고, 그 사람이 그릇되다 하여 그가 한 바른 말까지 버리지 않는다."

남을 용서하라
15-23 자공이 여쭈었다. "한 마디 말로써 죽을 때까지 실천할 만한 것이 있습니까?" 선생님께서 말씀하셨다. "그것이 바로 서(恕 : 용서)이다. 자기가 하기 싫은 일은 남에게 시키

지 말거라."(79쪽)

허물 그 자체보다는 그것을 고치느냐, 못 고치느냐가 문제
15-29 자왈, 과이불개가 시위과의니라(子曰 過而不改 是謂過矣). 선생님께서 말씀하셨다. "허물을 고치지 않는 것, 이것을 가리켜 허물이라고 한다."(109쪽)

소인은 자잘한 것은 잘 알지만 큰 것에 대해서는 잘 모른다
15-33 선생님께서 말씀하셨다. "군자는 사소한 일은 알지 못하지만 큰 임무를 맡을 수 있고, 소인은 큰일을 맡지는 못해도 사소한 일은 잘 안다."(107, 187쪽)

하늘만이 나를 아신다
15-37 선생님께서 말씀하셨다. "나를 알아주는 사람이 없구나." 자공이 여쭈었다. "어찌하여 알아주는 사람이 없다고 하십니까?" 선생님께서 말씀하셨다. "하늘을 원망하지 않고, 남들을 탓하지 않으며, 아래로부터 배워 위에 이르나니, 나를 알아줄 이는 그 하늘이겠구나!"(105쪽)

소인과는 함께 일하지 말라
15-39 선생님께서 말씀하셨다. "도가 같지 않으면 더불어 일을 도모하지 않는다."

말은 뜻을 통하자는 것이니 너무 화려하게 말하지 말라
15-40 자왈, 사는 달이이의니라(子曰 辭 達而已矣). 선생님께서 말씀하셨다. "말이란 뜻만 통하면 그만이다."

말해야 할 때와 말하지 말아야 할 때를 가린 다음 안색을 살피며 말하라
16-6 선생님께서 말씀하셨다. 군자를 모실 때 저지르기 쉬운 허물 세 가지가 있다. 말할 때가 아닌데 말하는 것을 일러 조급하다고 한다. 말을 할 때가 되었는데도 말하지 않는 것을 숨긴다고 한다. 상대방의 안색을 살피지 않고 말하는 것을 눈이 멀었다고 한다."

군자삼계(君子三戒)

16-7 선생님께서 말씀하셨다. "군자에게는 세 가지 경계해야 할 것이 있다. "젊었을 때는 혈기가 정해지지 않았으므로 여자를 경계하고, 나이 들어서는 혈기가 강해졌으므로 싸움을 경계하고, 늙어서는 혈기가 쇠하여졌으므로 욕심을 경계해야 한다."

타고난 재능은 제각각 다르다

16-9 선생님께서 말씀하셨다. "태어나면서부터 아는 사람은 가장 뛰어난 사람이고, 애써서 배우면 아는 사람은 그 다음이며, 애써서 배우는 사람은 다시 그 다음이요, 알지 못하는데도 배우지도 않는 사람은 가장 낮은 사람이다."

군자구사(君子九思)

16-10 자왈, 군자에 유구사하니, 시사명하고, 청사총하며, 색사온하고, 모사공하며, 언사충하고, 사사경하며, 의사문하고, 분사난하며, 견득사의니라(子曰 君子 有九思 視思明 聽思聰 色思溫 貌思恭 言思忠 事思敬 疑思問 忿思難 見得思義). 선생님께서 말씀하셨다. "군자에게는 아홉 가지 생각이 있다. 볼 때는 밝음을 생각하고, 들을 때는 잘 들을 것을 생각하고, 얼굴빛은 온화할 것을 생각하고, 용모는 공손할 것을 생각하고, 말은 충직할 것을 생각하고, 일은 성실(敬)할 것을 생각하고, 의심이 날 때는 물을 것을 생각하고, 화날 때는 닥쳐올 어려움을 생각하고, 이익을 볼 때는 의로움을 생각한다."

성품과 습관

17-2 자왈, 성상근야나 습상원야니라(子曰 性相近也 習相遠也). 선생님께서 말씀하셨다. "성품으로서는 가까우나 습관으로써 멀어진다."

당당하지 못한 방법을 쓰는 때가 있었다

17-1 양화(陽貨: 양호)가 공자를 보고자 하였지만 공자가 보지 않으셨다. 그러자 양화가 공자께 돼지를 보냈는데, 공자는 그가 없는 틈을 타서 그의 집 문에 가서 절을 하고 돌아오다가 그와 만나게 되었다. 양화가 공자에게 말하였다. "이리 오십시오. 선생님과 더불어 이야기하고 싶소이다. 귀한 보배를 품고 그 나라를 어지럽히는 것을 인이라고 할 수

있습니까?" 선생님께서 말씀하셨다. "그럴 수 없습니다." "일하기를 좋아하면서 때를 놓치는 것을 지혜롭다고 할 수 있습니까?" 선생님께서 말씀하셨다. "그럴 수 없습니다." "시간은 흐르는 것입니다. 세월은 나를 위해 기다리지 않습니다." 선생님께서 말씀하셨다. "나는 장차 벼슬을 하겠소이다."(41쪽)

예악의 본질을 보아야 한다

17-11 자왈, 예운예운이나 옥백운호재아? 악운악운이나 종고운호재아(子曰 禮云禮云 玉帛云乎哉 樂云樂云 鐘鼓云乎哉)? 선생님께서 말씀하셨다. "예다, 예다, 하지만 그것이 옥과 비단(으로 만든 예복)이겠느냐? 악이다, 악이다, 하지만 그것이 종이나 북이겠느냐?"(47, 173쪽)

향원(鄕原)

17-13 자왈, 향원은 덕지적야니라(子曰 鄕原 德之賊也). 선생님께서 말씀하셨다. "고을에서 환심을 사서 진실하다는 이름을 얻는 자(향원)는 덕의 도둑이다."(213쪽)

공자, 하늘을 상대하다 2

17-19 선생님께서 말씀하셨다. "나는 말이 없고자 한다." 자공이 말하였다. "선생님께서 아무 말씀도 하지 않으시면 저희들이 어떻게 선생님의 도를 후대에 전하겠습니까?" 선생님께서 말씀하셨다. "하늘이 무슨 말을 하더냐? 사계절이 운행되고 온갖 사물을 내시지만, 하늘이 무슨 말을 하더냐?"

(63쪽)

군자도 사람을 미워한다

17-24 자공이 여쭈었다. "군자도 미워함이 있습니까?" 선생님께서 말씀하셨다. "미워함이 있다. 남의 잘못을 떠드는 사람을 미워하고, 아랫자리에 있으면서 윗사람을 비방하는 것을 미워하고, 용맹하면서 예가 없는 사람을 미워하고, 과감하면서 꽉 막힌 사람을 미워한다." 선생님께서 물으셨다. "사(자공)야, 너도 미워함이 있느냐?" 자공이 말하였다. "예, 저는 남의 것을 엿보고서 아는 체하는 사람을 미워하고, 불손하면서 그것을 용기 있

는 행동으로 여기는 사람을 미워하고, 고자질하면서 그것을 곧다고 여기는 사람을 미워합니다."

여자를 대수롭게 보지 않았다

17-25 선생님께서 말씀하셨다. "오직 여자와 소인은 다루기가 쉽지 않다. 가깝게 대하면 불손해지고, 멀리하면 원망하는구나."

여자를 멀리했던 사람, 공자

18-4 제나라 사람들이 미녀와 악사를 노나라에 보냈다. 계환자가 그들을 받아들여 사흘 동안 조회를 열지 않자 선생님께서 떠나가셨다. (44쪽)

공자의 언행은 당시 지식인들의 관심사였다

18-5 초(楚)나라의 광접여(狂接輿)가 노래를 부르면서 공자 앞을 지나가면서 말하였다. "봉황이여, 봉황이여, 어찌 덕이 쇠하였는가? 지나간 일은 어쩔 수 없지만 오는 일은 가히 좇을 수 있거늘. 그만둘지어다, 그만
둘지어다. 오늘날 정치를 하는 것은 위험할 뿐이니라." 공자가 수레에서 내려 그와 이야기를 하고자 하셨으나 광접여가 재빨리 피하여 서로 말을 나누지 못하였다. (56쪽)

인본주의(人本主義) 선언

18-6 장저(長沮)와 걸익(桀溺)이 나란히 서서 밭을 갈고 있는데, 선생님께서 그 곁을 지나다가 자로를 보내어 나루터를 묻게 하셨다. 장저가 자로에게 물었다. "저기 수레 고삐를 쥐고 있는 사람이 누구요?" 자로가 대답하였다. "공 아무개이십니다." 장저가 다시 물었다. "저 사람이 공아무개요?" 자로가 대답하였다. "그렇소이다." 장저가 말하였다. "그 사람이라면 나루터를 알 것이오." 걸익에게 나루터를 물었더니 그가 말했다. "그대는 누구요?" 자로가 대답하였다. "중유라 하오." 걸익이 다시 물었다. "그대가 노나라 공 아무개의 제자요?" 자로가 대답하였다. "그렇소이다." 걸익이 말하였다. "도도히 흘러서 돌아오지 않는 것이, 천하가 모두 이러한데 누가 바꿀 수 있겠소? 사

람을 피하는 선비를 따르느니, 차라리 세상을 피하는 선비를 따르는 것이 낫지 않겠소?" 그러면서 씨앗 덮는 일을 계속하였다. 자로가 돌아와서 선생님께 그 말을 전하자 선생님께서 무연히 말씀하셨다. "새와 짐승은 더불어 무리지어 함께 살 수는 없으니, 내가 사람 무리와 함께 살지 않는다면 누구와 더불어 함께 살겠는가? 천하에 바른 도가 있다면 내가 굳이 천하를 바꾸려고 하지 않을 것이다."(52쪽)

소인은 잘못을 둘러댄다
19-8 자하 왈, 소인지과야는 필문이니라(子夏曰 小人之過也 必文). 자하가 말하였다. "소인은 잘못을 저지르면 반드시 꾸며댄다."(187쪽)

군자의 외모는 엄숙하다
19-9 자하가 말하였다. "군자에게는 세 가지 변화가 있다. 멀리서 보면 엄숙하고, 앞으로 나아가 보면 온화하고, 말을 들어 보면 확고하다."(191쪽)

군자가 허물을 고치면 모두가 우러러본다
19-21 자공이 말하였다. "군자의 허물은 일식, 월식과 같다. 허물이 있으면 사람들이 모두 바라보고, 허물을 고치면 사람들이 모두 우러러본다."(109쪽)

스승 없이 어디에서나 배웠던 사람, 공자
19-22 위나라의 공손조(公孫朝)가 자공에게 물었다. "중니(仲尼)께서는 무엇을 어떻게 배우셨소이까?" 자공이 말하였다. "문왕과 무왕의 도가 아직 땅에 떨어지지 않아 사람들 사이에 있었습니다. 현명한 사람은 그 가운데 중요한 것을 기록했고, 현명하지 못한 사람은 그 가운데 사소한 것을 기록했는데, 문왕과 무왕의 도를 담지 않은 경우는 없었습니다. 그러니 선생님께서 어디선들 배우지 않으셨겠으며, 어찌 일정한 스승이 있으셨겠습니까?"(188쪽)

나의 스승 공자의 위대함 2
19-23 숙손무숙(叔孫武叔)이 조정에서 어느 대부에게 말하였다. "내가 보기에 자공이 중니보다 낫소." 자복경백(子服景伯)이 그 말을 자공에게 전하자 자공이 말하였다. "궁궐의 담으로 비유하자면, 나의 집 담은 어깨쯤에 미치는 것이어서 궐 안의 좋은 것을 다 엿볼 수 있지만, 선생님의 집 담은 여러 길이나 되어서 문을 통해 안으로 들어가지 않으면

그 안에 있는 종묘의 아름다움과 백관의 풍부함을 다 볼 수 없습니다. 생각해 보면 그처럼 문 안에 들어가 본 사람이 적다 보니, 그가 그렇게 말하는 것도 있을 수 있는 일이긴 합니다." (224쪽)

나의 스승 공자의 위대함 3

19-24 숙손무숙이 중니를 헐뜯자 자공이 말하였다. "그러지 마시오. 우리 선생님은 헐뜯을 수 있는 분이 아닙니다. 다른 사람의 어짊은 낮은 언덕 같아서 넘어갈 수 있지만 선생님의 경우는 해와 달 같아서 넘을 수 없습니다. 사람들이 비록 끊고 싶어한다고 해도 어떻게 해와 달을 해칠 수 있겠습니까? 결국 자기의 능력을 헤아리지 못하는 꼴만 보이는 것이지요." (223쪽)

공자 연표(年表)

BC 551(1세) 11월에 노(魯)나라 창평향(昌平鄕) 추읍(陬邑)에서 부친 숙량흘(叔梁紇)과 모친 안징재(顔徵在) 사이에서 탄생하다(552년에 탄생했다는 설도 있음). 이 때가 종주국인 주(周)나라로 보면 주영왕(周靈王) 19년이고, 제후국인 노나라로 보면 노양공(魯襄公) 20년이 된다.

BC 549(3세)	부친 숙량흘이 별세하다.
BC 544(8세)	제기(祭器)를 벌여 놓고 제사 지내는 놀이를 하며 자라다.
BC 542(10세)	나중에 가장 나이 많은 제자가 된 자로(子路)가 태어나다.
BC 533(19세)	송(宋)의 병관씨(幷官氏)와 혼인하다.
BC 532(20세)	아들 리(鯉)가 태어나다. 노나라에서 위리(委吏) 벼슬을 하다.
BC 531(21세)	사직리(司職吏)로 승진하다.
BC 528(24세)	모친 안씨(顔氏)가 별세하다.
BC 522(30세)	노자(老子)에게 예(禮)를 묻다.
BC 517(35세)	제(齊)에 갔다가 노(魯)로 돌아오다. 벼슬을 하지 않고 제자들을 가르치다.
BC 514(38세)	나중에 가장 뛰어난 제자가 된 안회(顔回)가 태어나다.
BC 505(47세)	공자의 가르침을 후대에 이은 제자 증삼(曾參)이 태어나다.
BC 500(52세)	노의 사구(司寇 : 법무장관)가 되다. 노정공(魯定公)을 도와 제경공(齊景公)과 협곡(夾谷)에서 회합하다.
BC 497(55세)	노에서 뜻을 얻지 못하고 위(衛)로 가다.
BC 496(56세)	광(匡)에서 난을 당하다.
BC 495(57세)	환퇴(桓魋)로부터 피살 위협을 받다.
BC 492(60세)	송(宋)을 지나 진(陳)으로 가다.
BC 489(63세)	진에서 채(蔡)로 가다가 포위되어 식량이 끊기다. 채에서 섭공(葉公)을 보고 위(衛)로 돌아오다.
BC 487(65세)	부인 병관씨가 죽다.
BC 484(68세)	노나라에서 폐백을 보내어 부르자 고국인 노로 돌아오다. 시·서·예(詩書禮)를 정리하다.
BC 483(69세)	아들 리와 제자 안회가 죽다.
BC 482(70세)	노애공(魯哀公)이 정사를 묻다.
BC 481(71세)	기린(麒麟)이 잡히다. 《춘추(春秋)》를 짓다.
BC 479(73세)	여름 4월 기축일(己丑日)에 세상을 떠나다.

당대(唐代)의 오도자(吳道子)가 그린 공자의 초상